"十四五"系列规划教材
学前教育专业通用教材(美术)

总主编 庆旭

SHOUGONG

手 工

第二版

主 编 陈皎月 史安华
副主编 张 琪
参 编 李天峰 徐 健 朱 伟

苏州大学出版社
Soochow University Press

图书在版编目(CIP)数据

手工／陈皎月,史安华主编.—2版.—苏州：苏州大学出版社,2023.1

"十四五"系列规划教材　学前教育专业通用教材. 美术

ISBN 978-7-5672-4134-3

Ⅰ.①手… Ⅱ.①陈… ②史… Ⅲ.①学前教育—手工课—高等学校—教材　Ⅳ.①G613.6

中国国家版本馆CIP数据核字(2023)第018751号

版 权 所 有
盗 版 必 究

书　　名：	手　工
主　　编：	陈皎月　史安华
责任编辑：	冯　云
装帧设计：	吴　钰
出 版 人：	盛惠良
出版发行：	苏州大学出版社(Soochow University Press)
社　　址：	苏州市十梓街1号　邮编：215006
网　　址：	www.sudapress.com
E - mail：	sdcbs@suda.edu.cn
印　　装：	苏州市深广印刷有限公司
销售热线：	0512-67481020　邮购热线：0512-67480030
网店地址：	https://szdxcbs.tmall.com/(天猫旗舰店)
开　　本：	889 mm×1 194 mm　1/16　印张：12　字数：284千
版　　次：	2023年1月第2版
印　　次：	2023年1月第1次印刷
书　　号：	ISBN 978-7-5672-4134-3
定　　价：	49.00元

凡购本社图书发现印装错误,请与本社联系调换。服务热线：0512-67481020

学前教育专业通用教材（美术）编委会名单

总主编 庆 旭

主 编（按姓名拼音排序）

陈皎月　高 伟　关向阳　金红莲　陆 辉　孙中国　吴慎峰　詹克兢

副主编（按姓名拼音排序）

范小虎　冯 臻　黄 炯　刘艺婷　孟庆敏　邵 勇　吴胜兰　徐 卉　张 峰
张 琪　赵燕青

撰稿人、编委（按姓名拼音排序）

毕 冉　曹雪钰　陈柏兰　陈皎月　范小虎　冯 臻　高 伟　高晓囡　葛 筠
关向阳　胡克龙　黄玉兰　焦媛媛　金红莲　匡亦青　李天峰　连丽英　刘付平
刘仁朋　刘姝玲　刘艺婷　陆 辉　罗方敏　孟庆敏　庆 旭　邵 勇　沈 聪
沈亚威　孙 磊　孙中国　王 菁　王春子　王茂霞　王梦舟　王艳华　王玉舒
吴 海　吴丽平　吴瑞睿　吴慎峰　吴胜兰　徐 卉　徐 健　詹克兢　张 峰
张 琳　张 琪　赵燕青　赵玉文　朱 伟　朱骏益

参加编写单位

常熟理工学院　常州幼儿师范学校　德州市幼儿师范学校　东营职业学院
赣州师范高等专科学校　广西梧州学院　贵阳幼儿师范高等专科学校
合肥幼儿师范高等专科学校　江苏旅游职业学院　江苏省连云港中医药高等职业技术学校
连云港师范高等专科学校　南京财经高等职业技术学校　南京晓庄学院
宁夏幼儿师范高等专科学校　山东省平原师范学校　苏州科技大学
苏州幼儿师范高等专科学校　宿迁高等师范学校　潍坊学院　徐州幼儿师范高等专科学校
盐城幼儿师范高等专科学校　扬州市职业大学　运河高等师范学校
运城幼儿师范高等专科学校

总序

庆旭

  苏州大学出版社出版的这套学前教育专业通用教材之美术、书法教材共八册，即《素描》《色彩》《中国画》《艺术设计》《手工》《儿童装饰画》《书法》《硬笔书法》。本套教材的编写主要基于以下思路：

  第一，基础性。学前教育是师范教育的一部分，其与其他师范教育在专业性质上是一致的，只是毕业生择业走向稍异而已。作为师范教育的学科内容，基础性乃重要一环。因为学前教育的对象恰走在漫长人生中的起步阶段，这一阶段走得稳与不稳、实与不实，对其今后人生的发展起着关键作用。儿童对世界、自然、社会和人的认知是从这个阶段开始的。所以，学科设置中的基础性，如基础知识、基本技能是必须优先考虑的。这一理念在本套教材编写初始的编写会上就被我们着重提出，并作为首要遵循的编写指南放在每一本书的开篇。这样学生在学习的时候就会有一种预设的观念与思想的准备，进而在实践训练中能够科学地分配时间。

  第二，全面性。一直以来，因为多种原因，学前美术和书法教材在编写体例、内容设计等方面都存在不少问题。笔者以为关键问题在于从业人员，尤其是一线的任教者缺乏足够的深度思考，缺乏主动出击的精神。因为学前教育专业的特殊性，其审美范式、理想、愿景是有别于其他专业的。而很多教师还在被动地"引用"普通师范大学的美术、书法教材来指导学前教学，这显然是欠考虑的。可行的切入路径之一，即从"全面"入手。学前美术、书法教育的全面性表现在两科所涵盖的系统分类方面，如美术中的素描、色彩是学习的基础和铺垫，对它们的扎实训练有助于以后各个美术门类学习的展开，特别是在幼儿园环境创设中所涉及的空间造型、设计等；中国画则为东方艺术的特类，迥异于西画的审美体系，在学前教育专业学生的美术学习中不可或缺；艺术设计、手工、儿童装饰画乃学前美术教育在实际教学、活动中的直接运用，始终为学前美术教育教学之大宗。书法中的软硬分类虽不科学，但在通俗的语境中有一定的存在价值。其中毛笔书法与中国画同类，教学目标与理想也一致，它是中国文化核心的核心，学前教育专业学生不能不学。硬笔具有广泛的实用意义。当然，全面性并非面面俱到，像行书即为选修课程，旨在供部分学有余力的学生学习。

  第三，专业性。不论是教育教学乃至社会事务，人们最渴望的理想状态，即"专业的事情专业的人来办"，虽然这一理想在客观的现实世界中常被打折。但幸运的是，这套教材的编写组最终实现了这一理想。因为在组建编写团队时，我们首要考察的是作者的"专业性"。这种"专业性"，不仅仅体现在作者求学时期的专业，也体现在其教学研究方向的专业、教学法的专业，还体现在其从事艺术教育、专业实践过程中所散发的虔诚的定力、定心与专业的自信力。在笔者所从事的教学科研与艺术创作的短短二十多年中，一直推崇"专业性"这一学术素质，有时近乎苛刻。在这个富有活力的编写团队中，所有老师都是专业学者，因为他们一直深深地扎根于各自的研究领域并辛勤耕耘，取得了很多研究成果。有一点需要请读者注意，我们此处所说的"专业性"并非仅仅限定在具体艺术门类的知识与技能的专业中，而在于它指向了学前教育对应的"专业性"——将会引起各位兴趣的是我们在教材中设置了紧密联系学前教育的内容，如《中国画》中的"幼儿写意花鸟画技法""幼儿写意山水画技法""幼儿写意人物画技法"等，很接地气。

  第四，实用性。当今社会无疑正处于一个科技飞速发展的时代，所取得的成果超乎历史上的任何时期。科技发展的结果是广泛多样的，高效、便捷是其中显性标志。高效、便捷与实用有一种深层的连带关系。有一线的艺术评论者断言，目前的社会审美，甚至扩展到大众之外的有一定专业背景的艺术工作者们，其审美也到了一个自然状态的"读图时代"。这种"读图时代"潜在的价值指向根植于实用原则。因此，本套教材的编写与"读图"联系密切，尤其是《儿童装饰画》《硬笔书法》等。在当下学前教育专业的美术、书法教学中，"实用性"最受幼儿园、幼教专业机构一线美术从业人员的青睐，因此"绘本热"的出现就成为大势所趋。从理论上讲，"实用性"与"专业性"看似有一定的对立，实则不然。实用性的课程设置、知识点与技法点的分配来源于专业性的高度提炼、精简。学前教育专业美术、书法教育虽同属艺术教育之大类，但它与专业美术院校、综合类大学、师范大学的美术、书法专业的教学有很大区别，后者当然终归走向实用，但更多的还是注重美术、书法的艺术本体教育，侧重点不一样。学前教育，它是以实用先行的，我们常能在一线教学现场收到这样的反馈。所以，考察学前教育的美术、书法教学先看它是否实用。本套教材在专业的前提下，注重实用性和可操作性，淡化枯燥的理论讲解。当然，我们并非要剔除一切理论，恰恰理论是必需的，只是我们需要的是那些能够一针见血、切中要害的务实理论，而非空泛的文字堆砌。我们提倡每本书的主编、编者可以按照各自的理解去构架以"实用性"为前提的学前教育专业美术、书法教学体系。

  非常感谢这个团队的所有编写老师，他们是整套教材成型、面世的直接执行者。他们的汗水、知识和才情将会在实际教学中惠及更多学前教育专业的学子。我们深知学无止境、艺海无涯，只要思考，每个人、每个团队都会有无限的提升空间，让我们带着思考前行。

  感谢苏州大学出版社艺术教育编辑部的老师们，没有他们的策划及付出，这套书的出版将会有一定的难度。感谢本套教材的所有编辑老师，他们在学术规范及整体内容的精心审校方面付出了辛勤的汗水，从而保证了教材的学科性与科学性。

  虽然我们在编写时，尽各自学术所能，并在再版时有所改进，但因学力、才力等客观因素的限制，有些地方还存有不足，诚望方家批评指正，以求进步。

2023 年 1 月于苏州金鸡湖畔

序言

民间手工工艺在我国的历史十分悠久，流传地区甚广。如：古代女性制作的纺织品、绣品，男性制作的竹木雕刻品、陶瓷制品。据《墨子·辞过》记载："女工作文采，男工作刻镂，以为身服。"这里女工和男工创作出来的皆是手工艺品。

手工是技术和艺术相融合的技艺，它是指依靠手的技能做出某种物品的工作。手工是以双手为主，按照一定的构思和工艺程序对材料进行加工与改造，创造出既具有审美性又具有实用性的手工艺品的活动。在本书中，手工是作为特定的教育用语，即作为普通高等学校学前教育专业和幼儿师范院校手工教学内容之一的"手工制作"来使用。教育中的手工，就是学前教育专业的学生按照预定目的，充分发挥想象力和创造力，选用某些工艺材料，直接运用自己的双手，借助简单的操作工具，制作具有实用性、操作性、观赏性和娱乐性的手工艺品。

手工的分类是对手工艺品进行类型化的区分。如：根据使用材料的不同，把手工分为纸工、泥工、木工、布工、金工等不同的工艺种类；根据制作工艺的不同，把手工分为编织、印染、刺绣、雕刻等不同的工艺范畴；根据手工艺品构成形式的不同，把手工分为平面手工、半立体手工和立体手工等不同的工艺形式；根据手工艺品功能性的不同，把手工分为观赏性手工、实用性手工、娱乐性手工、科技性手工等不同的工艺类型。手工的各个门类也可以再进一步细分，例如，纸工可以分为折纸、剪纸、揉纸等，同时剪纸可以再进一步分出贴纸、拉花、窗花等。尽管手工艺品的品种、花样极其丰富，但是由于手工类别的层次、性质存在交叉与重叠，许多手工艺品的种类之间，实际上有着鲜明的界限。因此，手工的分类也只能是相对的。

手工材料包括基本制作材料和辅助材料。基本制作材料指的是各种天然原料、自然形成的材料、初期加工的材料、工业制品的人工材料、废旧材料等。常用的基本制作材料有纸张、黏土、布料、线绳等。辅助材料指的是制作过程中使用的各种黏合剂、剪刀、工具等。在制作时要利用它们的性能创造出好的手工艺品。

学前教育专业涉及的手工制作往往有着特殊的要求，总体来说，可以分为两类：一类是仿制手工，另一类是手工创作。前者是按照成品仿制，或者按照图片制作，它是一种习作性的手工制作，其目的是侧重学习掌握制作技术，间接了解手工制作的规律；而后者是根据手工制作的原理，独立设计与制作，进一步拓宽思路，创造出新品种，它是一种具有创造性的手工制作，其目的是强化艺术创造意识，提升艺术创造能力。在学习制作手工艺品的过程中，尽管作品的设计与制作并不十分完美，但只要构思新颖、材料

运用巧妙、技巧使用得当，该作品就应当算是手工佳作。

手工艺品的制作过程，一般由若干个各具特点且互相联系的环节构成，但其环节的数量、顺序又不是一成不变的，而是因人而异的。从普遍的意义上说，手工制作的关键环节大体包括六个方面：第一，意图。手工制作的首要条件就是要有创作意愿和激情。无论是出于自身需要还是社会需要，无论是出于实用目的还是欣赏目的，无论是出于明确的目的还是对材料的兴趣，总会形成自觉的或者自发的创作意图，所以创作意图是手工制作的前提和开端。第二，构思。它又称"立意"，主要是指在头脑中对手工艺品的造型、结构、色彩、装饰等要素进行初步的设想。这是一种实现创作意图、开辟创作道路、支配创作过程的形象思维活动。第三，设计。它主要是指将构思进一步具体化为工作方案的阶段。一般通过设计图来表现，当然设计可以作为独立的环节存在，也可以和构思、制作合并在一个过程之中。第四，选材。正确、恰当地选择质地、色彩、形态契合度较高的制作材料，是保证顺利实现构思和设计的重要前提条件。材料和手工制作的关系密切，在中国的工艺美术界就有"因意选材""因材立艺"的说法。第五，制作。它主要是指运用经过选择的、合适的工艺手段去完成手工艺品的加工阶段。这个阶段可以是原材料直接加工成型的成品，或是原材料经过裁切做成的成品，或是零部件加工成型的成品，或是组装成型的成品制作过程，还可以是通过某种中介（诸如模具等）间接制作成型的成品制作过程。第六，装饰。它主要是指对手工艺品外层进行艺术加工的过程，诸如涂绘、漆饰、贴面装饰等。装饰不仅可以美化手工艺品，也可以起到保护手工艺品的作用。

在学校中，手工是一种培养创造能力和动手制作能力的教育活动，它对陶冶学前教育专业学生的情操，培养他们的创造能力，以及提高他们的审美能力具有很重要的教育意义。在普通高等学校学前教育专业和幼儿师范院校中，手工学习还将为学前教育专业的学生适应未来幼儿园美术教学工作和其他教育工作打下坚实的基础。

随着社会的进步和人们生活水平的提高，学前教育越来越受到社会各界的高度重视。幼儿阶段是人生重要的起点，是儿童健康成长和未来发展的关键时期。办好学前教育不仅能使亿万儿童健康成长，还能为国家和民族的未来培养栋梁之材。学前教育专业的学生是未来幼儿美术教育的工作者，一名合格的幼儿园美术教师不但要传授给幼儿艺术文化、开发幼儿智能，而且要具备深厚的专业功底、扎实的基础理论知识和技能，这样才能使素质教育得到有力保障。学前教育专业美术课程主要包括美术鉴赏、绘画、书法和手工等内容，这些内容都是为促进幼儿智力发展和健康成长而制定的，而且都具有自身的特点和教学意义。就手工而言，它能充分调动幼儿的眼、手、大脑协调运作，在三维空间内进行材料的组合，激发幼儿大脑的形象思维活动，培养幼儿的观察能力、想象能力和创造能力。适合幼儿学习的手工课程一般包括纸艺、布艺、泥艺、综合材料等。这些都是通过生活中常见的素材进行组合的作品。

关于学前教育手工教学的建议：一是考虑就地取材、培养学前教育专业学生的创造意识，有意识地引导他们发现和利用身边的材料。二是手工课要积极地与幼儿园教学活动相结合，诸如自然角、游戏区、校园的整体综合设计等。三是手工课还要加强学前教育专业学生关于空间立体造型的训练，例如，通过立体手工系列——单体、组合体、综合设计达到培养幼儿空间立体感的目的。四是有的放矢，循序渐进。手工是一门综合性很强的课程，学前教育专业学生需要掌握手工的许多基本技能，但是他们大多数没有经过专门的美术训练，所以对美术知识与技法了解甚浅，如果只强调知识与技法的学习，没有考虑专业内容的难度，脱离他们的文化基础和生活背景，很容易让他们产生抗拒的情绪。同时，手工教材具有实用性、专业性、应用性的特点，一旦缺少创新，就会使学前教育专业学生对学习失去兴趣。因此，在教学过程中应该根据他们能力发展的特点，利用简单的工具、材料调整课程内容，提供多样化、具有层次性的课程资源，尽可能地适应学前教育专业学生发展的需要。五是结合地域特点，将地方民间艺术融入手工教学中。学前教育手工制作与民间艺术有很多共性，诸如简练的造型、单纯的颜色、相似的工艺等。在学前教育手工制作的教学实践过程中，能够结合区域资源，将民族文化、民族风俗、民族风情、民族技艺等融入教学中，汲取民间优秀的手工艺品精华并用于教学实践和教学环境创设中。这样既让学前教育专业学生了解人类的美术遗产，扩大他们的文化视野，又激发他们学习手工的兴趣。同时，也有利于民间传统艺术的传承和发展。六是能够正确、合理地评价学前教育专业学生的手工操作行为和作品，有利于提高他们的手工技能。在评价手工艺品时，首先，要看其适用性。制作出来的手工艺品要有使用性和实用性。其次，要看其经济性。利用最小的消耗获得最大的收获。再次，要看其审美性。造型、形象、装饰都要符合形式美的法则。最后，要看其创新性。特别是在设计理念、材料使用、技法运用、形象塑造等方面的创新。随着社会的进步、人们审美水平的提升，手工艺品的形式、内容、欣赏和评价也在不断地发生变化。

本教材分别介绍了纸工、布工、泥工和综合材料的手工制作过程和方法。在内容上包括平面、半立体、立体手工作品的制作，在课时上不做硬性规定，有利于教师灵活掌握和运用教材。在编写教材时，编者考虑学前教育专业学生的接受心理、综合需要与应用，淡化专业知识体系，做到将有序的教学体系与启发式的教学内容有机结合。

编者

第三章 揉揉捏捏——泥工

098　第七节　幼儿园中布工的运用

111　第一节　泥的分类及介绍

112　第二节　泥的加工技法

114　第三节　泥的装饰技法

117　第四节　泥的平面造型

121　第五节　泥的半立体造型

124　第六节　泥的立体造型

127　第七节　幼儿园中泥工的运用

第四章 包罗万象——综合材料

149　第一节　点状材料

151　第二节　线状材料

156　第三节　面状材料

164　第四节　块状材料

167　第五节　幼儿园中综合材料的运用

170　参考文献

179　后　记

180

目录

总序　001

序言　001

第一章　剪剪切切——纸工

第一节　纸的起源概述与分类　001

第二节　纸的加工技法　002

第三节　纸的装饰技巧　006

第四节　纸的平面造型——平面纸工　010

第五节　纸的半立体造型——半立体纸工　012

第六节　纸的立体造型——立体纸工　027

第七节　幼儿园中纸工的运用　031

第二章　穿针引线——布工

第一节　布的分类及介绍　043

第二节　布的加工技法　055

第三节　布的装饰技法　056

第四节　布的平面造型　060

第五节　布的半立体造型　061

第六节　布的立体造型　065

072

079

第一章 剪剪切切——纸工

第一节 纸的起源概述与分类

一、纸工的介绍及发展源流

纸工通常是指纸工艺，是以各种纸张、纸材质为主要材料，根据创作构思，通过剪、刻、撕、拼、折、贴、揉、编织、压印等多种加工手段制作平面或者立体艺术品的工艺活动。

纸工的艺术造型既是一种艺术形象，也是一种文化标志。千百年来，纸工在民间盛行不衰，深受百姓的喜爱，诸如剪纸、纸鸢、纸扎等。人们利用各种不同质地、不同性能的纸，运用各种手法、技巧，创造出了内容丰富、形式各异的造型。

可是，中国的纸工一直发展缓慢，无论是在文化传承方面还是在学校教学方面，都被边缘化了。但是，随着网络技术的飞速发展和图像时代的到来，欧洲国家和日本大量的纸工艺术通过网络呈现在新一代的年轻人面前，纸工又一次在年轻人群体里流行起来。同时，我们的政府和教育部门也开始重视纸工的艺术价值，逐渐通过展览、教学、交流及网络传播等方式将纸工艺术推广到全国各个大中小学校。

纸工作品的制作过程是快乐的，是享受的，也是锻炼意志的。幼儿接触纸工不仅可以拓展其知识储备，还可以促进其智力发展。通过制作美丽的纸工作品，可以锻炼幼儿的手部肌肉，同时提高其手、眼、脑的协调能力。在制作纸工作品时，幼儿既可以学会阅读图符、理解图表、认识几何结构，又可以在探索发现中提高空间想象能力和创造思维能力。同时，制作纸工作品的过程也是锻炼幼儿的意志和引导幼儿克服困难的过程。课堂上，幼儿一起动手制作、交流他们喜欢的纸工作品，既增添了课堂教学的乐趣，又开发了幼儿的智力，还培养了他们的科学探索精神。

二、纸的介绍及分类

自中国人的祖先创造文字以来，他们一直在寻找理想的承载文字的材料，先后选择了岩石、动物骨骼、陶器、青铜器、木片、竹简、缣帛等材料，直到东汉时期，发明了"蔡侯纸"。纸的出现结束了古代简牍繁复的历史，有效地促进了文化的传播与发展，纸成为物质文明和精神文明的承载材料，它对人类社会的进步和发展具有无可替代的作用，是促进现代文明发展的一个重要因素。

纸是中国古代四大发明之一，中国人对纸的认识和理解非常深刻和富有想象力。生产力的进步推动了造纸术（图1-1）的不断改进，雕版印刷术（图1-2）又促进了造纸业的大发展，纸成了社会文化生活中不可缺少的材料。从纸的书写到纸的印刷，从纸币的应用到千变万化的纸工，无不反映出中国劳动人民的聪明才智。

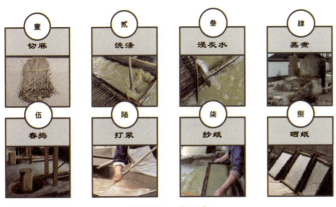

图1-1　造纸术

图1-2　雕版印刷术

纸作为一种纤维材料，用途十分广泛。如：宣纸、绘画纸可以用来画画；牛皮纸和塑料纸可以用来包装；新闻纸、瓦楞纸可以用来印刷；等等。可以说，纸具有适用于社会生活方方面面的实用功能。同时，因为纸具有成本低廉、绿色环保、容易得到、可塑性高、便于加工等特点，纸也成为极佳的美术创作素材。纸通过各种造型的变化，使人产生了视觉上的美感，所以纸也具有审美功能。

纸的品种繁多，有普通纸和专用纸之分，有硬纸和软纸之分，也有吸水纸和不吸水纸之分。总之，不同类型的纸有不同的性能特征。例如，用于包装的瓦楞纸、铜版纸与我们书写的纸相比，在硬度、透明度等性能方面存在很大的差异。

三、纸工中常用的纸

卡纸是常用的纸工用纸。卡纸比普通纸厚重，是介于纸和纸板之间的纸，表面比较光滑，韧性和耐折性较好，但伸缩性小，颜色丰富，纯度较高，表面抛光，易于塑形，在幼儿园纸工中运用非常广泛。

素描纸一般为白色，纸张较厚，纸质密实，纸面纹理较粗糙，主要用来创作纸浮雕中的肖像作品。

宣纸自古有"纸中之王""千年寿纸"的誉称，是中国传统的书画用纸。其特征是经久不衰，不会褪色，少虫蛀，寿命长，易于保存。宣纸分生宣、熟宣、半熟宣。生宣吸水性和沁水性强，纸质软韧，是纸艺中常用的染色纸，经过浸染后能呈现出丰富的色彩效果，特别适合做一些剪纸装饰。熟宣是由生宣涂上明矾加工而成的，因此纸质较生宣硬，吸水能力弱，在纸艺创作中可重复上色，反复涂抹，不易发生变形。半熟宣也是由生宣加工而成的，吸水能力介于前两者之间，在平面纸工中经常使用。

压纹纸的表面有一种不太明显的花纹，这种花纹是采用机械压花或手工揉纸的方法制成，故称"压纹"。压纹纸性脆，容易断裂，虽表面比较粗糙，但有质感，表现力强，表面纹理丰富，可以形成深浅层次的视觉效果。

新闻纸通常是报刊、书籍的主要用纸，又称"白报纸"。新闻纸质地松软，有较好的弹性，塑形性强，吸水性好，杂质含量较大，纸张会随时间发黄而变脆。

雪梨纸又称"薄页纸""拷贝纸"，因用来包裹雪梨而得名，是一种非常薄且轻的纸张，外观呈半透明状，质脆。雪梨纸除用于手工制作之外，还是礼品盒内衬的材料。

珠光纸的表面十分光滑，质地较厚，反光较强，有珍珠光泽，艺术表现力佳，不易撕坏，耐折度高。珠光纸有单双面之分，可根据纸艺作品的需要自行选择。

硫酸纸又称"制版硫酸转印纸""描图纸""拷贝

纸"等。硫酸纸质地纯净，强度高，透明度高，不易变形，耐晒、耐高温、抗老化，可以把图案转移到需要制作的纸张或者卡片上。

皱纹纸又称"皱纸"，是一种纸面呈现皱纹的加工纸的总称，餐巾纸、卫生纸、面巾纸也可当作皱纹纸使用。皱纹纸质地薄，柔韧性强，延展性好，吸水性好，非常适合做染色纸和制作花朵。由于其表面肌理纹样的特性，使得皱纹纸在幼儿园环境创设中应用广泛。

瓦楞纸又称"波纹纸板"，表面有波形纹理，在幼儿园纸艺中一般用于建筑物的顶部及一些线性纹样的体现。瓦楞纸是一种专供制作外包装纸箱用的、比较坚固的纸板，适合做一些大型的游戏道具。

牛皮纸通常呈黄褐色，坚韧耐水，抗撕裂、破裂，强度高，有一定硬度，常被用作包装材料。

吹塑纸类似泡沫塑料的薄塑料泡沫纸，颜色较多，表面有丝光，质地脆，易折，在纸浮雕中经常使用。

海绵纸柔软有韧性，既可用来做拼贴画，又可用来做一些立体手工，在幼儿园环境创设中能重复利用，经济实用。

即时贴又称"自粘标签材料"，背面涂有黏合剂，方便实用。

衍纸又称"卷纸"，发源于18世纪的英国，盛行于英国王室贵族之间。衍纸是一种简单、实用的手工艺术，通过利用专用的工具将细长的、薄薄的条形纸一圈圈卷起来，形成一个个"零件"，再将这些"零件"组合成风格各异、色彩缤纷的纸艺作品。

折纸通常只有单面是彩色的，呈正方形，折叠性好，一般规格为150 mm×150 mm，是儿童纸艺中常用的纸张。

除上述艺术品商店出售的各式各样的纸张（图1-3）之外，在日常生活中，我们还会遇到很多纸张，诸如复印纸、旧报纸、包装纸、墙纸等，这些都可以成为我们纸艺创作的原材料。随时随地收藏有趣的纸张，让收集纸张成为生活的一部分，以便在纸工创作时有取之不尽的材料。

图1-3　各式各样的纸张

第二节 纸的加工技法

纸最优秀的特性就表现在它的变化多端上,其加工技法可谓是不胜枚举,下面介绍几种常用的纸的加工技法。

剪刻(图1-4)又称"剪切",是一种常见的纸艺表现技法,主要表现为"不切多折、一切多折、多切多折"。它指的是在一定的压力作用下使纸产生变形,利用直与曲的折线,使纸的造型更具立体感。剪刻应用范围非常广泛,例如,叶片、花朵的叶脉及星角、山脉的角度等都可以运用此技法。常用的剪纸工具(图1-5)有剪刀、刻刀等。

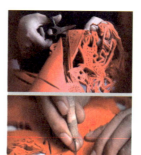
图1-4 剪 刻

图1-5 剪刻工具

注意:(1)在使用剪刀时,一手拿纸,一手拿剪刀,剪刀尽量打开,把纸放到刀刃根部,均匀用力进行剪裁。在改变裁剪方向时,尽可能保持剪刀刀刃不动,用手旋转纸调整方向。

(2)在用刻刀刻或切时,务必把纸放在橡胶垫上,用刻刀纵向裁切,食指按压刀背,使力量集中在刀尖上,这样刻出来的线条才干净利索。如果横向或者逆向裁切,效果会不太好。

曲面(图1-6)一般是用双手先对纸施加压力,直至纸发生弯曲。由于不同特性的纸在纹理弹性上有所

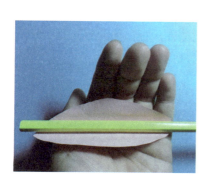
图1-6 曲 面

不同，因而优先使用韧性好、弹性强的纸，再把剪好的纸放于手掌上，将圆形的笔杆放于弯曲的纸中央，然后用一只手握住笔杆，只要稍加用力，反复转动，就能使纸弯曲变形，其弯曲的弧度大小可以根据作品要求来决定。弯曲后的纸能产生浮雕的效果，具有一定的空间感和视觉冲击力。

拼贴（图1-7）是一种将各种质地的纸剪刻或撕碎后重新组合的方法。拼贴是把单个或者多个厚薄不一、肌理不同、色彩各异的纸巧妙地组合在一起，制成一个在画面处理上更具灵活性和整体感的艺术作品。拼贴是利用纸的规则或不规则的几何形状来做造型，其形象凹凸相生，具有浮雕感，给人真实、强烈的直观印象。

编织（图1-8）是利用经纬度的原理，将不同材质的纸剪成条状或搓成纸绳状后穿插组织起来。可编之物形式突出，呈现出起伏的肌理和整齐的效果，更有层次感，极富古朴之力。

插接（图1-9）是两种纸绳的连接。一般情况下，可以将两种纸绳揉搓在一起，做成纸绳。

揉纸（图1-10）又称"皱纸"，是将纸卷起握在手心，用双手来回搓动，制作出特殊的纹路。揉纸主要是利用纸软易皱的特点，通过人为处理的方式，呈现出凹凸不平的肌理效果。

折叠是手工中常见的表现方法。一张纸经过折叠后可以产生两个或多个面，使平面的纸产生凹凸起伏的变化。在幼儿园手工教学中，折叠是简单、安全、容易出效果的加工技法，这种加工技法能创作出许多生活中常见的事物。在使用折叠技法时，首先要认识纸工符号，其次要了解折叠方法（表1-1）。

图1-7 拼 贴

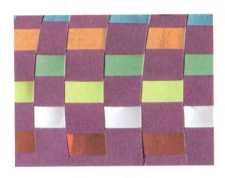

图1-8 编 织

图1-9 插 接

图1-10 揉 纸

表 1-1　手工中常见的纸工符号和折叠方法

名　称	符　号	含　义	折叠方法
山线（峰线）	—··—··—··—	纸张凸起的折痕，向反面折，又称"山折"	
谷线	— — — — —	纸张凹下的折痕，向正面折，又称"谷折"	
翻面	↻	翻到纸张的另一面	
轮廓线、剪切线	———	纸张轮廓线或者需要剪切的线条	
反复折	∿→	纸张反复折叠	
来回折	Ƶ→	纸张折成阶梯状	
折后还原	⌒↔	纸张折出折痕后打开	
插入	↱	沿虚线插入纸张内部	
卷曲	～	纸条的卷曲形式	
绕	∿∿∿	纸条的缠绕	
剪切掉	✗	挖掉打"✗"的部分	
切折	□	实线切掉，虚线折叠	
粘贴处	▨ / ▨	纸张黏合	

| 第一章 | 剪剪切切——纸工

撕纸（图1-11）是用双手的大拇指和食指先固定住纸，再将其撕开，露出纸的撕断面，它的边缘一般比较毛糙；或者先在纸上画出水墨画，再趁湿将纸的边缘撕毛。

扎纸（图1-12）是一种包装，操作简单，既可用绳系，又可用针钉，这两种扎法均能体现出良好的视觉效果。

捏纸（图1-13）是用食指和大拇指在纸上捏出需要的线条。

揭纸（图1-14）是揭开纸的表面，露出纸的内部纤维，备用。

染纸（图1-15）是把纸放在颜料里，使其着色。

图1-11 撕 纸

图1-12 扎 纸　　图1-13 捏 纸　　图1-14 揭 纸　　图1-15 染 纸

总之，纸的加工技法千变万化，可以单纯地选择一种方法，也可以综合地汇集多种方法。当然，事无常规，法无定法。大家可以举一反三，充分发挥自己的创造力，根据自己的需求创造出属于自己的纸工技法。

孔子曰："工欲善其事，必先利其器。"纸工制作不仅需要以物质材料——纸为基础，还需要加工的设备和工具作为制作纸艺作品的重要保证。常用的纸工工具有剪刀、刻刀、美工刀、切割板、尺子、铅笔、橡皮、圆规、双面胶、胶水、白乳胶、熔枪等。幼儿的纸工工具（图1-16）应该更为简单，不建议幼儿做纸工时去使用一些有潜在危险的工具，或者使用能够使创作过程更为简单的工具，因为这些对提高幼儿的创造能力并无多大的帮助。

图1-16 幼儿的纸工工具

第三节 纸的装饰技巧

艺术的加工、后期的处理会使原本平淡无奇的纸变得生动有趣、内涵丰富，而手工也赋予了纸全新的生命力。对纸进行恰如其分的装饰，诸如涂绘、修饰、着彩、贴面装饰等，不仅具有美化作品的审美功能，还具有保护作品的实用功能。因此，装饰是具有独立性质的工艺环节。由于装饰材料和工艺技术的不同，从性质上可以分为永固性装饰和简便性装饰。但无论是哪种装饰材料和工艺技术，都应该为显示和加强纸工作品的视觉美感和实用功能锦上添花。

我们可以通过"加一加"的手法，即添加材料进行纸工造型的方法，诸如缠绕、钉铆、粘贴、编织（图1-17—图1-20）等。

图1-17 缠绕

图1-18 钉铆

图1-19 粘贴

图1-20 编织

我们可以通过"减一减"的手法，即消减或剔除材料中与形象塑造无关部分的造型方法，诸如雕刻、撕剪、削切（图1-21—图1-23）等。

我们还可以通过"变一变"的手法，即促使加工材料形变量不变的造型方法，诸如团捏、卷曲、弯曲（图1-24—图1-26）等。

图1-21 雕 刻	图1-22 撕 剪	图1-23 削 切

图1-24 团 捏	图1-25 卷 曲	图1-26 弯 曲

对纸进行装饰，我们还需要考虑其物理特性，即纸的厚薄、软硬、光糙等。如：厚而硬的纸不适合变形和弯曲，而适合板块状的装饰造型，板块状的装饰造型可以突出其体量感和稳定性；软而薄的纸易卷曲、折叠，卷曲、折叠的纸更具有流动和飘逸的感觉。因此，了解这些材质的特性，有利于我们有目的地做好纸的装饰和加工。

纸工的种类繁多，主要有以下几种：根据纸的加工手段划分，纸工可以分为剪纸、撕纸、折纸、染纸、编纸、纸雕等；根据纸的质地划分，纸工可以分为软纸工和硬纸工；根据纸的形态划分，纸工可以分为点造型、线造型、面造型。为了便于教学，通常会根据作品所呈现的空间形态，将纸工分为平面纸工、半立体纸工和立体纸工。

第四节 纸的平面造型——平面纸工

一、剪纸

剪纸是一门以纸为主要加工对象的艺术，也是一门平面镂花艺术，主要通过剪、刻、装饰来表现生活中的现象。

剪纸艺术扎根于民间，是中国古代劳动人民为满足自身的物质和精神生活需要而创造的。剪纸以千刻不落、万剪不断的技艺，来诠释它的实用性、趣味性、完整性和装饰性，并凭借其题材美、寓意美、构图美、色彩美、工艺美的特点深受人们的喜爱。

剪纸具有认知、教化、表意、抒情、娱乐、交往等多重社会价值；又因其与生活、民俗、民族紧密相连，具有很强的欣赏价值；再因其工具简单、材料价格低廉，只需要一把小剪刀或者几种刻刀，各类纸张皆可适用的实用价值，所以剪纸成为学前教育中必不可少的课程。

（一）剪纸材料与工具（图1-27）

1. **材料**

普通红纸：多用于喜庆场合，适合折叠剪、对称剪、平剪等。

宣纸：质地软，常见的有白宣、红宣、黑宣和黄宣等。白色的棉宣常用于染色、剪纸，适合折叠剪、对称剪、平剪等。

蜡光纸：颜色多样、纸面平整、色泽光亮，适合折叠剪、对称剪、平剪等。

2. **工具**

剪刀：主要以刀端尖齐、锋利细长为佳，剪纸常选用传统的连体剪刀，一般有大、中、小之分，可根据需要选择。

刻刀：主要用来刻精细作品。刻刀刀口不宜过宽，

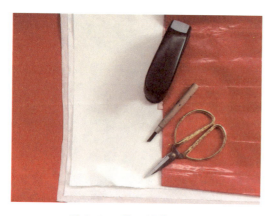

图1-27 剪纸材料与工具

以斜刃口、锋利、操作灵活为佳。

除以上主要的材料与工具外，剪纸还需要蜡版、订书器、橡皮锤、纸钉、锥子等。

（二）剪纸中常用符号的剪法

1. 小圆孔（图1-28）

先在小圆孔中心空白处轻轻扎一个小眼，再顺着小眼往边缘剪。常用于眼睛、水珠等圆形图案的表现。

2. 月牙形（图1-29）

月牙形状如初月，其形可大可小，先从月牙中心空白处下剪刀，再顺着月牙的轮廓线剪即可。常用于鸟类羽毛的表现。

3. 锯齿形（图1-30）

用剪刀交叉斜剪，呈锯齿状，技法难度较高。初学者在剪锯齿形时，要先剪直线锯齿形，再剪弧线锯齿形，然后进一步练习剪圆形锯齿形。常用于兽类皮毛的表现。

4. 鱼鳞形（图1-31）

鱼鳞形的剪法和小圆孔的剪法类似，可使用折叠剪法。常用于鱼、龙形象的表现。

剪纸的其他符号大同小异，无论是柳叶形、花瓣形，还是逗号形、水滴形、漩涡形、波浪形等，都是从中心空白处下剪刀，沿着线条从右往左或从下往上去剪。总的来说，先内后外，先简单后复杂，要求线条圆如秋月，尖如麦芒，方如瓷砖，缺如锯齿，线如胡须。目前，比较有代表性的剪纸有双鱼图、仕女图（图1-32、图1-33）等。

图1-28 小圆孔

图1-29 月牙形

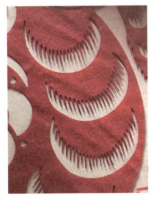

图1-30 锯齿形

图1-31 鱼鳞形

图1-32 双鱼图

图1-33 仕女图

（三）常用折叠剪纸的基本技法和步骤

折叠剪纸就是先将纸折叠起来后再进行剪切。由于折叠方法不同，可以剪出各种具有对称特色的图案。

1. 一折技法

（1）正方形对称中心线一次对折技法。这种折叠方法用于以折线为对称中心线的对称图案。（图1-34—图1-37）

步骤一：取一张正方形纸，沿它的对称中心线对折。

步骤二：画出心形图案，注意区分虚线与剪切线。

步骤三：沿剪切线裁剪，再按虚线对折图形。

步骤四：打开对折纸，完成制作，展示作品。

（2）正方形对角线一次对折技法。（图1-38—图1-41）

步骤一：取一张正方形纸，沿它的对角线对折。

步骤二：画出需要剪切的图形。

步骤三：沿剪切线剪出图形。

步骤四：打开对折纸，完成制作，展示作品。

图1-34 步骤一

图1-35 步骤二

图1-36 步骤三　　图1-37 步骤四

图1-38 步骤一

图1-39 步骤二

图1-40 步骤三

图1-41 步骤四

2. 两折技法

（1）正方形对称中心线两次对折技法。（图1-42—图1-45）

步骤一：取一张正方形纸，沿它的对称中心线画出虚线。

步骤二：沿虚线将正方形纸对折，再在对折后的长方形纸上画出虚线。

步骤三：沿虚线将长方形纸对折，再在对折后的正方形纸上画出需要剪切的图形。

图1-42 步骤一

图1-43 步骤二

步骤四：沿剪切线剪出图形，打开对折纸，完成制作，展示作品。

（2）正方形对角线两次对折技法。（图1-46—图1-49）

步骤一：取一张正方形纸，沿它的对角线对折。

步骤二：在对折后的三角形纸上画出虚线。

步骤三：沿虚线将三角形纸对折，再在对折后的三角形纸上画出需要剪切的图形。

步骤四：沿剪切线剪出图形，打开对折纸，完成制作，展示作品。

图1-44　步骤三　　图1-45　步骤四

图1-46　步骤一　　图1-47　步骤二　　图1-48　步骤三　　图1-49　步骤四

3. 三折技法

（1）正方形对称中心线三次对折技法。（图1-50—图1-54）

步骤一：取一张正方形纸，沿它的对称中心线对折。

步骤二：在对折后的长方形纸上画出虚线。

步骤三：沿虚线将长方形纸对折，再在对折后的正方形纸上画出虚线。

步骤四：沿虚线将正方形纸对折，再在对折后的长方形纸上画出需要剪切的图形。

图1-50　步骤一　　图1-51　步骤二

图1-52　步骤三　　图1-53　步骤四　　图1-54　步骤五

步骤五：沿剪切线剪出图形，打开对折纸，完成制作，展示作品。

（2）正方形对角线三次对折技法。（图1-55—图1-59）

步骤一：取一张正方形纸，沿它的对角线对折。

步骤二：在对折后的三角形纸上画出虚线。

步骤三：沿虚线将三角形纸对折，再在对折后的三角形纸上画出虚线。

步骤四：沿虚线将三角形纸对折，再在对折后的三角形纸上画出需要剪切的图形。

步骤五：沿剪切线剪出图形，打开对折纸，完成制作，展示作品。

图1-55 步骤一

图1-56 步骤二　　图1-57 步骤三　　图1-58 步骤四　　图1-59 步骤五

4. 四折技法

（1）正方形对称中心线四次对折技法。（图1-60—图1-66）

步骤一：取一张正方形纸，沿它的对称中心线对折。

步骤二：在对折后的长方形纸上画出虚线。

  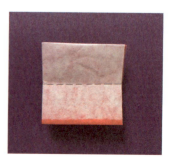

图1-60 步骤一　　图1-61 步骤二　　图1-62 步骤三

步骤三：沿虚线将长方形纸对折，再在对折后的正方形纸上画出虚线。

步骤四：沿虚线将正方形纸对折，再在对折后的长方形纸上画出虚线。

步骤五：沿虚线将长方形纸对折，再在对折后的正方形纸上画出需要剪切的图形。

步骤六：沿剪切线剪出图形。

步骤七：打开对折纸，完成制作，展示作品。

图 1-63 步骤四

图 1-64 步骤五

图 1-65 步骤六

图 1-66 步骤七

（2）正方形对角线四次对折技法。（图 1-67—图 1-73）

步骤一：取一张正方形纸，沿它的对角线画出虚线。

步骤二：沿虚线将正方形纸对折，再在对折后的三角形纸上画出虚线。

步骤三：沿虚线将三角形纸对折，再在对折后的三角形纸上画出虚线。

步骤四：重复上一步操作，注意纸折叠的次数不宜过多。

图 1-67 步骤一

图 1-68 步骤二

图 1-69 步骤三

步骤五：在对折后的三角形纸上画出需要剪切的图形。

步骤六：沿剪切线剪出图形。

步骤七：打开对折纸，完成制作，展示作品。

   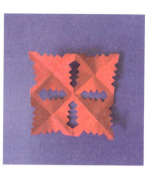

图1-70 步骤四　　图1-71 步骤五　　图1-72 步骤六　　图1-73 步骤七

5. 五折技法

（1）正方形对称中心线五次对折技法因与其四次对折技法相似，这边不再赘述。

（2）正方形对角线五次对折技法。（图1-74—图1-78）

图1-74 步骤一

步骤一：取一张正方形纸，沿它的对角线对折。

步骤二：在对折后的三角形纸上，以中心点为顶点，将三角形纸分成五等分，画出相应的五条虚线。

步骤三：沿画好的五条虚线进行折叠。

步骤四：画出需要剪切的图形。

步骤五：沿剪切线剪出图形，打开折叠纸，完成制作，展示作品。

图1-75 步骤二　　图1-76 步骤三　　图1-77 步骤四　　图1-78 步骤五

正方形对角线五次对折技法常用于团花剪纸。团花剪纸是一种呈圆形花样、四面均齐的剪纸艺术。人们利用纸可折叠的特性,将纸沿对角线折叠两次、三次、四次不等,就能剪出四面均齐的团花。

6. 多折技法

(1) 纸帘。(图1-79、图1-80)

步骤一:取一张长方形纸,将它沿同一个方向对折几次,再在折好的纸条上画出剪切线,线条相向而画,线条之间的距离相等。

步骤二:沿剪切线裁切图形,完成制作,展示作品。

(2) 拉花。(图1-81—图1-86)

拉花的折叠方法与团花相同,画线方法与纸帘相同。

步骤一:取一张正方形纸,沿它的对角线对折。

步骤二:在对折后的三角形纸上画出虚线。

步骤三:沿虚线对折,画出需要剪切的图形。

步骤四:沿剪切线剪出图形。

步骤五:打开对折纸。

步骤六:将不同颜色的拉花粘在一起,完成制作,展示作品。

 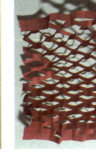

图1-79 步骤一　　图1-80 步骤二

 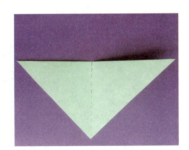 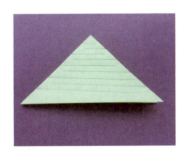

图1-81 步骤一　　图1-82 步骤二　　图1-83 步骤三

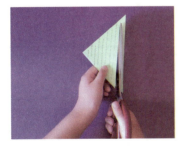  

图1-84 步骤四　　图1-85 步骤五　　图1-86 步骤六

（3）二方连续剪纸。（图1-87—图1-90）

步骤一：取一张长方形纸，将长方形纸的短边对折。

步骤二：将对折后的长方形纸的长边对折几次，注意纸折叠的次数不宜过多。

步骤三：在折叠好的长方形纸上画出需要剪切的图案的一半。

步骤四：沿剪切线剪出图案的一半，打开对折纸，完成制作，展示作品。

图1-87 步骤一　　　　图1-88 步骤二　　　　图1-89 步骤三

图1-90 步骤四

（4）四方连续剪纸。（图1-91—图1-95）

步骤一：取一张正方形纸，沿它的对称中心线对折。

步骤二：将对折后的长方形纸的短边对折。

步骤三：将对折后的长方形纸的长边对折几次，注意纸折叠的次数不宜过多。

步骤四：在折叠好的长方形纸上画出需要剪切的图案的一部分。

步骤五：沿剪切线剪出图案的一部分，打开对折纸，完成制作，展示作品。

图1-91 步骤一

图1-92 步骤二

图1-93 步骤三

图1-94 步骤四

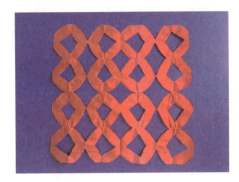
图1-95 步骤五

(四) 剪纸的种类

1. 根据剪刻的基本方法分类

（1）阳纹剪纸：剪去纹样和图案以外的空白部分，保留纹样和图案的线条部分。阳纹剪纸图案突出。（图1-96）

（2）阴纹剪纸：与阳纹剪纸的方法相反，剪去纹样和图案的部分，保留其他的空白部分，利用空白部分来表现图案。阴纹剪纸虚实对比强烈。（图1-97）

图1-96 阳纹剪纸

图1-97 阴纹剪纸

（3）阴阳纹结合剪纸：在同一剪纸中采用不同的剪刻方法可以使图案造型生动活泼，表现形式丰富多彩。（图1-98）

图1-98　阴阳纹结合剪纸

2. 根据选用纸张的颜色分类

（1）单色剪纸：采用一种颜色完成的剪纸。完成后，既可以直接贴附，又可以贴在衬底上。一般选用衬底较多、衬底的颜色与剪纸作品的颜色有较大对比的纸张，诸如黑衬白、白衬红、白衬蓝等。单色剪纸单纯大方，明暗醒目，感染力强。

单色剪纸实例：《午马》。（图1-99—图1-103）

步骤一：构思、设计图稿，绘制草图。用单色线条勾画草图。

步骤二：完善草图。将草图中没有连接的线条连接起来，强化线条和造型，同时进一步将造型艺术化。

步骤三：装订。把画稿与色纸固定在一起。装订时，注意不要把图案部分钉上。

步骤四：剪刻。从中间或最密、最细处开始剪刻，最后剪刻轮廓。

步骤五：装裱。剪刻完成后，装裱作品。剪纸的装裱有多种形式，常见的装裱形式有镜框装裱、卷轴装裱、纸板装裱、册页装裱等。

图1-99　步骤一

图1-100　步骤二

图1-101　步骤三

图1-102　步骤四

图1-103　步骤五

（2）彩色剪纸：采用多种颜色完成的剪纸。彩色剪纸表现手法多样，装饰效果较强。彩色剪纸大致分为套色剪纸、染色剪纸、喷彩剪纸等。

① 套色剪纸。

套色剪纸将黑色的阳纹剪纸根据各部分需要的颜色，在底部衬以不同的色纸。常用的方法是先将剪纸放于所需色纸上，将需要套色部位的形象勾画于色纸上，再剪下色纸，剪下的色纸形状要稍大一些，然后将色纸粘贴在剪纸背面相应的部位。套色剪纸色彩丰富，视觉效果好，极大地丰富了传统剪纸的手法。

套色剪纸实例《鱼》。（图1-104—图1-107）

步骤一：构思、设计图稿，绘制草图，剪刻出鱼和气泡的黑色剪纸样稿。

步骤二：把鱼和气泡的黑色剪纸样稿描摹在白纸上。

步骤三：根据白纸上的形象，为其各部位设计不同的色彩，剪出相应色块并粘贴在白纸上。

步骤四：将鱼和气泡的黑色剪纸样稿粘贴在带有色块的白纸上，压平后，一幅漂亮的套色剪纸画就制作完成了。

② 染色剪纸。

染色剪纸是彩色点染与剪纸技艺相结合的一种艺术形式，以河北蔚县染色剪纸为代表。它以白色生宣纸作为剪刻纸，先将桃红、大红、黑色、绿色等染料加乙醇调和，颜色渗透性更强，再用毛笔蘸色点染，颜色不扩散，一种颜色干透后再染另外的颜色。染色剪纸色彩明艳，装饰性强。

图 1-104　步骤一

图 1-105　步骤二

图 1-106　步骤三

图 1-107　步骤四

染色剪纸实例：《团花》。（图1-108—图1-110）

步骤一：构思、设计图稿，绘制草图，剪刻出团花的图案。

步骤二：将所需颜色在调色盒中调配，用吸管或毛笔进行点染。点染时，采用颜色中间深外边浅的原则。为了防止水分过多，可用吸水纸吸去多余水分。

步骤三：完成制作，展示作品。

③ 喷彩剪纸。

喷彩剪纸是在白色剪纸上喷洒颜色的一种剪纸形式。它跟染色剪纸类似，但喷彩剪纸的色彩之间过渡自然，有版画的印染效果，可用喷枪、喷笔、牙刷在丝网上进行喷色。

图 1-108　步骤一

图 1-109　步骤二

图 1-110　步骤三

喷彩剪纸实例：《蝴蝶》。（图 1-111—图 1-113）

步骤一：构思、设计图稿，绘制草图，剪刻出蝴蝶的形象。

步骤二：将所需颜色在调色盒中调配，分别遮挡蝴蝶图案的上半部分和下半部分，并用喷笔进行局部喷绘。

步骤三：完成制作，展示作品。

图 1-111　步骤一

图 1-112　步骤二

图 1-113　步骤三

二、撕纸画

撕纸是纸工中较为便捷的一种造型手段，它不需要借助任何工具，直接用手指将纸撕成所需要的图案。这对于锻炼儿童手指的灵活性具有很好的效果。

撕纸画一般选用纤维短、易于撕开和折叠的纸，制作撕纸的纸一般要稍微大一些，方便操作。

撕纸画是一种自由的、有趣的艺术形式，一般可以分为以下两种基本制作方法。

（1）整形撕纸法：用一张纸直接撕出物体的整个轮廓。其特点是造型完整、清晰，线条流畅。（图1-114—图1-117）

步骤一：构思、设计图稿，绘制草图，标出草图中需要裁掉的部分。

步骤二：沿线条撕出汽车的轮廓，并撕去草图中需要裁掉的部分。

步骤三：将撕好的汽车图案粘贴在底板上。

步骤四：按照相同的方法撕出卡车图案，并粘贴在底板上。装饰背景，完成制作，展示作品。

（2）碎纸拼贴法：先撕出大小、形状各异的纸片，然后用这些纸片拼贴出所要表现的图案。其特点是造型表现更加自由、生动，色彩搭配更加丰富。（图1-118—图1-122）

步骤一：构思、设计图稿，绘制草图。

步骤二：撕出大小、形状各异的纸片。

步骤三：根据纸片的大小、形状、颜色，拼贴出所要表现的花瓶、树枝和花朵。

步骤四：增添花朵的数量，注意图案的整体协调性。

步骤五：装饰背景，完成制作，展示作品。

在大多数的作品中，经常会交替使用这两种方法。这可以使创作出来的作品更加丰富多变、层次分明。

图1-114 步骤一

图1-115 步骤二

图1-116 步骤三

图1-117 步骤四

图 1-118　步骤一　　图 1-119　步骤二　　图 1-120　步骤三　　图 1-121　步骤四　　图 1-122　步骤五

三、纸贴画

纸贴画是利用各种纸自身的特点，诸如质地、颜色、肌理等，按照创作要求，先剪出所要表现的形象，再拼贴成画。纸贴画的特点是画面有很大的灵活性，可随灵感任意设计制作，使画面丰富多彩。

纸贴画的创作一般先选用彩色卡纸、挂历纸、海绵纸、吹塑纸等各类纸张，再配合剪刀、胶水等工具剪贴图案，然后用纸板、三合板等做纸贴画的底板，最后完成制作。

纸贴画实例：《妞妞》。（图 1-123—图 1-125）

图 1-123　步骤一　　　　图 1-124　步骤二　　　　图 1-125　步骤三

步骤一：构思、设计图稿，绘制草图。

步骤二：根据草图，用剪刀在彩色卡纸上剪出人物身体的各个部位，层层粘贴。

步骤三：完成制作，展示作品。

纸贴画是多种色彩的组合，要注意整体色调，以及物和物、造型色块和底色之间的搭配关系。

第五节 纸的半立体造型——半立体纸工

一、编织纸工

编织是选用两张或者多张彩色纸，剪成同等分的纸条，并根据图案的需要，将多张纸条互相交错而组织起来的传统手工艺。

编织可以看成由许多小方块构成的画面，其风格和内容可以多变。

（1）纸条插编实例：《愤怒的小鸟》。（图1-126—图1-128）

图1-126 步骤一

图1-127 步骤二　　　　图1-128 步骤三

步骤一：构思、设计图稿，绘制草图。

步骤二：根据草图在愤怒的小鸟腹部剪刻线条，供彩色纸条插编。

步骤三：选择彩色纸条插编，完成制作，展示作品。

（2）纸条穿插实例：《立体小鹿》。（图1-129—图1-135）

步骤一：取一根纸条，纸条稍微硬一点，容易定型。左手捏着纸条，右手按图折转，另取一根纸条穿插其中。

步骤二：取一根纸条穿插其中，另取一根纸条与前一根纸条交叉编织。

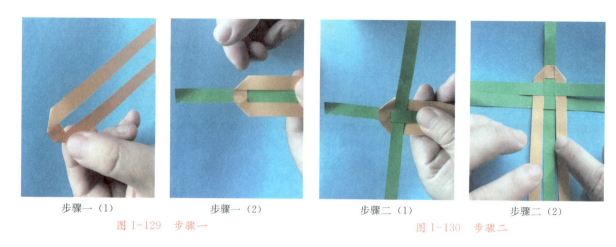

步骤一（1） 步骤一（2） 步骤二（1） 步骤二（2）

图 1-129　步骤一　　　　　　　　　　图 1-130　步骤二

步骤三：将左上方的一根纸条按图所示向下折转，再用相同的方法，将另一根纸条向下折转。

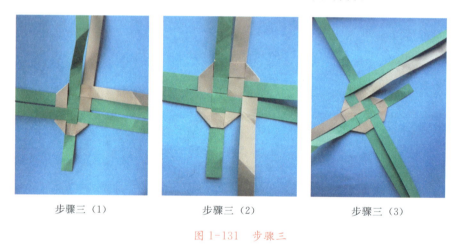

步骤三（1） 步骤三（2） 步骤三（3）

图 1-131　步骤三

步骤四：将小鹿颈部按图所示进行编织。

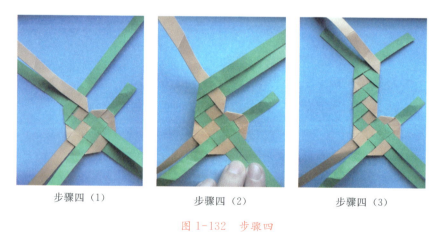

步骤四（1） 步骤四（2） 步骤四（3）

图 1-132　步骤四

步骤五：左手捏住小鹿颈部，右手将左上方的一根纸条往后绕至起点处，不要松手，穿插过去，左手配合右手将纸条抽出来。

步骤六：修剪鹿角、鹿嘴、鹿尾巴和鹿脚。

 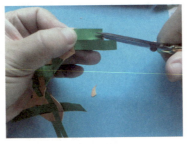

图1-133　步骤五　　　　图1-134　步骤六

步骤七：按照相同的方法再编织一只小鹿。完成制作，展示作品。

步骤七（1）　　　　步骤七（2）

图1-135　步骤七

二、纸浮雕

纸浮雕是运用纸质材料在平面上塑造凹凸起伏的艺术形象。其风格多样，可写实，可写意，也可抽象。

与其他雕塑材料相比，虽然纸不可能通过精雕细琢来实现体积的变化，但是可以通过捏、揉、弯、折、重叠等技法让平面的纸形成凹凸的立体感。

纸浮雕实例：《夏荷》。（图1-136—图1-139）

步骤一：构思、设计图稿，绘制草图。

图1-136　步骤一

图1-137　步骤二　　　　图1-138　步骤三　　　　图1-139　步骤四

步骤二：用各色卡纸剪出相应的图案，在带图案的纸片正面和背面根据需要用针或者小刀轻轻划一道划痕，并根据划痕将带图案的纸片进行弯折。

步骤三：将所有带图案的纸片弯折到位，并用白乳胶进行粘贴。

步骤四：完成制作，展示作品。

三、衍纸

衍纸是一种简单、实用的生活艺术，主要通过卷、捏、拼贴组合完成，常被用于卡片、装饰画、装饰品等制作中。衍纸艺术是用专门的工具将细长的纸条一圈圈地卷起来，做成一个个"零件"，再将这些样式复杂、形状各异的"零件"组合起来的手工艺术。

需要注意的是，市面上有专门的衍纸出售，在制作时可以购买，也可以自己制作。不同年龄段的人群所使用的衍纸宽度也是不同的，初学者可以使用宽 3 mm 的衍纸，而幼儿使用的衍纸还要更宽些，一般为 5 mm 或 6 mm，这样幼儿在使用时操作更方便。衍纸卷曲有现成的工具，可以用笔杆卷曲，也可以用衍纸卷曲器卷曲。另外，幼儿可以使用白乳胶进行粘贴，因为这种胶水固化较快，且粘贴强度较高。

衍纸实例：《蝶恋花》。（图 1-140—图 1-142）

图 1-140　步骤一　　　图 1-141　步骤二　　　图 1-142　步骤三

步骤一：构思、设计图稿，绘制草图。

步骤二：按照草图的需要，卷曲各种类型的衍纸，用白乳胶进行粘贴。

步骤三：完成制作，展示作品。

第六节 纸的立体造型——立体纸工

一、折纸

折纸造型因材料、工艺简便而被广泛普及，同时折纸在促进儿童创造力、想象力等方面具有重要的作用。由于折纸本身风格样式繁多、变化多端，从平面到立体的转变十分神奇，折纸的过程给人们带来了无穷的乐趣，因而折纸深受儿童的喜爱。

在长期的折纸艺术实践中，前人总结与归纳了一些约定俗成的折纸符号，这些符号为初学者学习折纸和举一反三带来了便利。常见的纸工符号和折叠方法详见本章第二节。

（1）折纸实例一：长方形折纸——《青蛙》。（图1-143—图1-145）

步骤一：准备一张长方形纸，且选取的纸不能太厚。

图1-143　步骤一

步骤二：按照图中顺序制作青蛙。

步骤二（1）　　　　　　步骤二（2）

步骤二（3）　　　　　　步骤二（4）

步骤二（5）　　　　　　步骤二（6）

步骤二（7）　　　　　　步骤二（8）

图 1-144 步骤二

步骤三：完成制作，展示作品。

步骤三（1）　　　　步骤三（2）

图1-145　步骤三

（2）折纸实例二：三角片组合折纸——《鱼》。（图1-146—图1-148）

步骤一：确定主题，准备若干长方形彩色小纸片（尺寸6 cm×4 cm），将小纸片长边对折，增加小纸片的厚度。

步骤一（1）　　　　步骤一（2）　　　　步骤一（3）

图1-146　步骤一

步骤二：将小纸片折叠出若干小三角形。

步骤二（1）　　　　步骤二（2）

| 第一章 | 剪剪切切——纸工

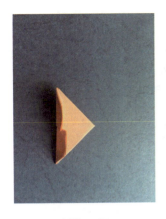  

步骤二（3）　　　　　步骤二（4）　　　　　步骤二（5）

图 1-147　步骤二

步骤三：按照图中顺序，根据鱼的结构从第一层开始拼接、粘贴，直至最后一层，完成制作，展示作品。

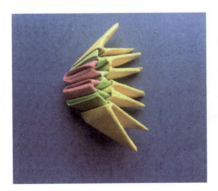 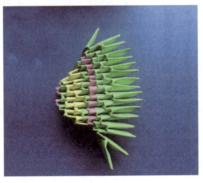 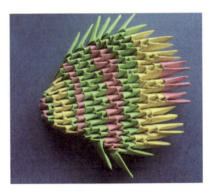

步骤三（1）　　　　　步骤三（2）　　　　　步骤三（3）

步骤三（4）　　　　　步骤三（5）

图 1-148　步骤三

在幼儿园实践教学中，我们可以将折纸作品作为道具，综合运用到舞台表演中。

二、拧纸

拧纸是根据造型需要和使用意图，通过扭、拧、搓、捆、装饰等手法，利用点状、线状材料来塑造形象。拧纸因操作简便易行而深受儿童的喜爱。

拧纸所用的纸要柔软，拧时要顺着纸本身纤维的走向用力，这样可以增加纸的承重力。同时，在拧得较松的地方涂上白乳胶之类的黏合剂，使之定型。

拧纸实例：《白蛇》。（图 1-149、图 1-150）

图 1-149　步骤一　　　　图 1-150　步骤二

步骤一：构思、确定形象。由于受到加工条件的制约，拧纸的形象要简单。先根据需要选用合适的纸，注意纸的质地、颜色等，再通过扭、拧、搓、捆等手法制作形象。

步骤二：定型装饰，完成制作，展示作品。

三、立卡纸艺

立卡是将纸对折后做成立体造型，形成视觉空间感的艺术形式。立卡是利用折线对轴的部分进行剪切，并折出相应的形象。开合时，形象有凹凸、拉伸的变化。

（1）立卡实例一：《蝙蝠》。（图 1-151、图 1-152）

步骤一：构思、设计图稿，绘制草图，注意折线的使用。

步骤二：将卡纸短边对折，按草图进行剪切、对折，在完成的卡纸后附一张同样大小的卡纸作为背景，完成制作，展示作品。

图 1-151　步骤一

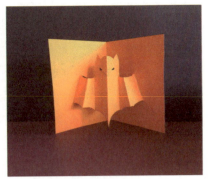

图 1-152　步骤二

（2）立卡实例二：《小楼》。（图 1-153—图 1-155）

图 1-153　步骤一

图 1-154　步骤二

图 1-155　步骤三

步骤一：构思、确定形象，将卡纸裁成长方形，对折后立在桌上。

步骤二：设计形象，画出剪切线和虚线。

步骤三：根据剪切线和虚线，剪切、对折、粘贴，完成制作，展示作品。

四、纸面具

纸面具是幼儿园教学和游戏活动中用于角色扮演时经常佩戴的饰物，主要用于调动儿童参加活动的积极性，增强活动的趣味性。

纸面具是一个壳体造型，平面化的纸通过剪切再加以收缩便成为壳体造型。注意在剪切与折叠过程中，根据面具形象的需要，可以扩大或者缩小面具形象五官中的某些部分，以凸显面具的特征。面具形象中的某些细节，诸如毛发、颜色等，可以直接绘制或粘贴在面具上，使之成为一个和谐的整体。

纸面具实例：《小白兔》。（图 1-156—图 1-158）

步骤一：构思、设计面具形象，绘制草图。

步骤二：通过剪切、对折的手法塑造形象。

步骤三：装饰形象，装上松紧带，完成制作，展示作品。

步骤一（1）　　　　　　　步骤一（2）

图 1-156　步骤一

步骤二（1）　　　　　　　步骤二（2）

图 1-157　步骤二

步骤三（1）　　　　　　　步骤三（2）

图 1-158　步骤三

五、纸球

纸球是将平面的纸张通过裁剪、粘贴、组合等多种手法制作而成的立体装饰，常被用于幼儿园的室内环境布置。

（1）实例一：《多面体花球》。

常见的多面体有由四个、八个、二十个等边三角形组成的正四面体、正八面体和正二十面体。此外，还有六个正方形组成的正六面体和十二个正五边形组成的正十二面体等。制作这些多面体经常采用插接法和粘贴法。

① 插接法实例：《正四面体花球》。（图1-159、图1-160）

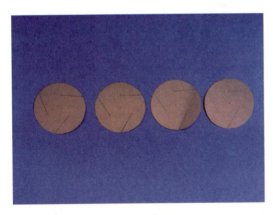 

图 1-159　步骤一　　　　　图 1-160　步骤二

步骤一：用卡纸剪出四个同样大小的圆片，并在图片上剪出三个插口。

步骤二：将四个圆片互相穿插，制成一个球体，完成制作，展示作品。

② 粘贴法实例：《正八面体花球》。（图1-161—图1-163）

步骤一：构思、设计形象。正八面体是由八个等边三角形构成的，而等边三角形的外接圆决定了球体的大小。制作时，可以用卡纸剪出八个同样大小的圆片。

步骤二：在圆片内画出内接等边三角形，沿等边三角形的边折叠圆片，可以在圆片边缘和内部做些装饰。

步骤三：把圆片内等边三角形的边一一对齐、重合，按照上面四个圆片、下面四个圆片的顺序进行粘贴，并将圆片组合起来，完成制作，展示作品。

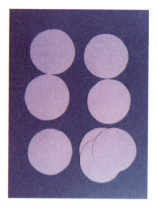

图1-161 步骤一

图1-162 步骤二

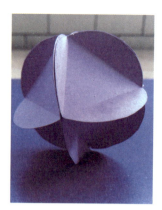

图1-163 步骤三

图1-164 步骤一

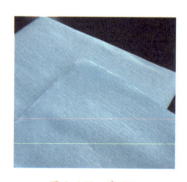

图1-165 步骤二

图1-166 步骤三

以上两个制作实例是较为简易的球体制作方法。如果把每个面剪切成其他形式，诸如镂空的形式，又会得到新的造型。

（2）实例二：《蜂窝彩球》。（图1-164—图1-166）

步骤一：制作型板。根据造型设计，用硬板纸制作两张型板。在两张型板上刻出槽口，槽口为方便刷胶使用，不宜太大，两张型板的槽口应尽量错开。

步骤二：剪出纸形。按照型板大小对一百张皱纹纸进行剪裁。纸越多，蜂窝孔越密。

步骤三：先在一张皱纹纸上放上一张型板，用白乳胶沿槽口刷胶；再拿去型板，把第二张皱纹纸贴到第一张皱纹纸上；然后将第二块型板放到第二张皱纹纸上刷胶，按照这个顺序，交替使用两张型板刷胶，直至贴完全部的皱纹纸；最后再贴上和型板大小相同的硬卡纸，待胶水晾干了之后，剪齐边角便可得到蜂窝花球，完成制作，展示作品。

六、纸花

纸花是中国古老的传统手工艺，也是民间传统纸艺的一种。纸花品种多样，制作方法和形式各异，起着装饰环境和营造氛围的作用。

（1）纸花实例一：《月季花》。（图1-167—图1-169）

步骤一：制作花瓣。先把玫红色的皱纹纸折叠几层，再剪出花瓣的形状，然后用剪刀柄将花瓣边缘进行弯折、卷曲。

步骤二：制作花蕊。先将一张裁好的黄色皱纹纸上端搓成球状，并用白乳胶将其固定在铁丝上，再取一张裁好的黄色皱纹纸对折后剪成细条状，然后将它缠绕在铁丝上，并用白乳胶固定，形成一定的立体感。

步骤一（1）
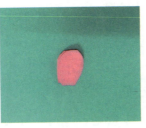
步骤一（2）

步骤一（3）

步骤一（4）

图 1-167　步骤一

步骤二（1）

步骤二（2）

步骤二（3）
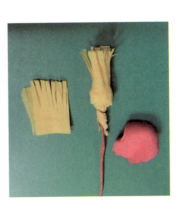
步骤二（4）

图 1-168　步骤二

步骤三：组合花蕊和花瓣，完成制作，展示作品。

步骤三（1）

步骤三（2）

步骤三（3）

图 1-169　步骤三

（2）纸花实例二：《马蹄莲》。（图1-170、图1-171）

图1-170　步骤一　　　　图1-171　步骤二

步骤一：制作花瓣和花蕊。马蹄莲和月季花不同，马蹄莲是单瓣花，所以只用做一个大花瓣即可，注意对马蹄莲整体花型的把握。

步骤二：组合花蕊和花瓣，完成制作，展示作品。

本节介绍了立体手工的简单制作方法，我们可以结合幼儿园实际教学情况，将这些制作方法应用于幼儿园教学实践中。例如，可以将其运用到幼儿园的环境布置中，用作窗户、墙壁、角落的装饰；也可以将其运用到幼儿园的各类活动中，作为各种节日活动所需的头饰、服饰和场景的装饰材料。

第七节 幼儿园中纸工的运用

纸工是学前教育教学中不可缺少的一项内容，在幼儿园中的运用非常广泛，是日常教学、环境布置中不可缺少的艺术形式。在幼儿园环境布置中可以运用纸工做立体吊饰，布置各类窗饰、墙饰和角饰，以此营造出幼儿园童话般的氛围，增添幼儿园教学活动的趣味性。在幼儿园举行的各类活动中，用纸工布置舞台、装饰演出服饰，可以为活动增添色彩。幼儿学习纸工不仅有利于培养他们的想象力和创造力，还有利于他们在实践中体会无穷的乐趣。在幼儿园教学中要针对幼儿的不同年龄特点选择难易适中的纸工进行教学。

一、小班纸工模拟课——《寻找四季花》

（一）活动目标

（1）引导小班幼儿认识四季及其颇有代表性的花卉。

（2）让小班幼儿通过观察和探索，初步尝试运用撕、贴、揉的方法制作花卉。

（3）教会小班幼儿使用胶棒、抹布等工具，使其初步养成良好的美术活动操作习惯。

（4）引导小班幼儿积极参加纸工活动，让其体验制作花卉的乐趣。

（二）活动准备

（1）课前准备：课前引导小班幼儿观察各种各样的花。

（2）教具准备：课件、歌曲《四季花》、大班幼儿撕贴画作品。

（3）操作材料准备：各种颜色的皱纹纸、卡纸、胶棒、塑料瓶子等。

（三）活动过程

（1）教师组织小班幼儿观看课件，聆听歌曲《四季花》，激发小班幼儿的学习兴趣。通过引导小班幼儿观察四季的变化，让他们在四季中找到自己最喜欢的花，启发他们对花的颜色和形态的认知。

教师："我们来看看四季有什么变化？请大家仔细看哟！"

小班幼儿认真观看课件，欣赏美妙的歌曲《四季花》。

教师："四季花园里都有哪些花呢？你最喜欢的花长什么样？花都有哪些颜色？花蕊、花瓣是什么样的？"

小班幼儿踊跃回答问题，并在教师的引导下认识春天的红桃花、夏天的粉荷花、秋天的绿菊花、冬天的黄蜡梅花。

教师："大班的哥哥姐姐们做的花可漂亮啦！你们想来试试吗？"

小班幼儿观赏大班幼儿的撕贴画作品，萌发他们创作的愿望。

（2）教师引导小班幼儿认识制作材料，师生共同探索花的做法，小班幼儿尝试运用撕、揉、贴的方法进行创作。

① 教师引导小班幼儿仔细观察大班幼儿制作的花并熟悉做花的材料。

教师："这些美丽的花，它们是用什么做的呢？"

小班幼儿纷纷发言，教师进行总结："花瓣是用各种颜色的皱纹纸做成的，花蕊和花柄是用卡纸卷成的，花瓶是用废旧的塑料瓶做成的。"

② 小班幼儿探索撕花瓣的技巧和方法。

教师："你们看看大班的哥哥姐姐们是如何将这些美丽的花做出来的呢？"

教师请每个小班幼儿选取自己喜欢的皱纹纸尝试撕花瓣，再让个别的小班幼儿上来示范撕花瓣并向大家介绍撕花瓣的技巧。教师从旁给予指导和帮助。注意：桃花是小椭圆形花瓣，花瓣是复瓣，可多撕几瓣；荷花是长椭圆形花瓣，花瓣较大，弯曲的弧度要自然；菊花是长条形花瓣，末端稍稍弯曲；蜡梅花直接用黄色皱纹纸揉成小纸团即可。

教师组织小班幼儿相互学习并总结撕花瓣的方法：

左手捏住皱纹纸，右手撕下一片花瓣，放进自己的篮子里。

③ 小班幼儿探索粘贴花瓣的技巧。

教师出示胶棒并提问："撕好的花瓣怎样和花蕊、花柄粘在一起呢？用什么来粘贴呢？"再向小班幼儿介绍胶棒的使用方法。

教师请每个小班幼儿尝试粘贴花瓣，再请个别幼儿上来示范粘贴花瓣，并向大家介绍粘贴花瓣的方法。教师从旁给予指导和帮助。

教师组织小班幼儿相互学习并总结粘贴花瓣的方法。

方法1：花柄用卡纸卷起来，其中一头剪成花蕊。利用胶棒在花瓣底部抹上胶水，将花瓣围着花心粘成一圈。

方法2：直接将花瓣底部抹上胶水贴在卡纸上，指导小班幼儿补画简单的线条或者颜色，诸如太阳、雨、雪等图案渲染四季的气氛，做成场景纸贴画。

④ 小班幼儿制作小花，教师重点观察幼儿撕、揉、贴的方法，适时给予指导。

（3）小班幼儿展示并欣赏作品，教师进行引导和评价。

教师："你们的手真巧，做出了这么多漂亮的花，快来把花插进花瓶里或贴在墙上吧！"

教师引导小班幼儿将做好的花插进花瓶或贴在墙上展示，再给予点评，对表现出色的小班幼儿进行鼓励。

（四）活动延伸

教师利用小班幼儿的作品布置幼儿园区角，激发小班幼儿参与活动的兴趣，增强他们动手制作的信心，培养他们的创造能力，帮助他们在美术活动中养成良好的行为习惯。

二、中班纸工模拟课——《小动物百科书》

（一）活动目标

（1）引导中班幼儿认识各种小动物，使其学会区分各种小动物的基本特征。

（2）指导中班幼儿认识图符，使其掌握看示意图的能力。

（3）在折一折、做一做、玩一玩中，让中班幼儿锻炼手、眼、脑协调并用的能力。

（4）帮助中班幼儿在美术活动中养成良好的行为习惯。

（二）活动准备

（1）课前准备：课前引导中班幼儿认识各种小动物。

（2）教具准备：课件、歌曲《小动物之歌》、小动物折纸作品、小动物折纸示意图。

（3）操作材料准备：各色正方形纸、各色卡纸、胶棒、水彩笔、油画棒。

（三）活动过程

（1）教师播放歌曲《小动物之歌》，让中班幼儿猜小动物的名称，激发中班幼儿对小动物的兴趣，让他们初步了解小动物的特点，引导他们找到自己最喜欢的小动物，让他们熟悉小动物的特征和生活习惯，组织他们观看课件。

教师："从这首歌曲中，你们能猜出几种小动物呢？你们最喜欢什么小动物？为什么喜欢呢？赶快和大家分享一下吧！"

教师组织中班幼儿观看课件，让中班幼儿认识更多的小动物，帮助他们了解小动物的本能及其生活习惯。

教师："小动物为了生存，有很多保护自己的方法，这种方法我们称为'本能'。如：狗的嗅觉、变色龙的隐身术、穿山甲的打洞本领等。我们人类很多的发明创造都是从动物身上学来的呢！如：蝙蝠——雷达、超声波，苍蝇的楫翅——振动陀螺仪，飞机——鸟，蜻蜓——直升机，鱼——潜水艇、船，等等。许多小动物的某些器官感觉特别灵敏，它们能比人类提前知道一些灾害事件的发生。如：海洋中水母能预报风暴，青蛙、鱼的反常行为能预测地震，等等。根据动物反常的行为，人们总结出了几句顺口溜：震前动物有预兆，群测群防很重要。牛羊骡马不进厩，猪不吃食狗乱咬。鸭不下水岸上闹，鸡飞上树高声叫。冰天雪地蛇出洞，大鼠叼着小鼠跑。兔子竖耳蹦又撞，鱼跃水面惶惶跳。蜜蜂群迁闹哄哄，鸽子惊飞不回巢。家家户户都观察，发现异常快报告。"

通过学习顺口溜，中班幼儿能了解小动物的特殊本领，产生保护小动物的想法。

（2）教师引导中班幼儿认识制作材料，师生共同探讨小动物纸工作品的做法，幼儿学习按照图纸制作小动物的方法。

① 教师："你们会折小动物吗？请会折小动物的小朋友上台演示制作过程给其他小朋友看。"

中班幼儿完成演示后，教师进行点评，其他小朋友跃跃欲试。

② 教师出示一张简单的小动物折纸示意图，一边做示范，一边教中班幼儿看图折纸。教师可以教一步，中班幼儿做一步。其间，教师巡视指导。

③ 教师出示各种简单的小动物折纸示意图，让中班幼儿自行挑选。教师巡回指导，引导中班幼儿给小动物画上眼睛、花纹，使小动物的形象更加逼真。

（3）中班幼儿展示并欣赏作品，教师予以评价。

教师引导中班幼儿展示自己的作品，让他们积极与其他小朋友交流。教师与中班幼儿一同进行评价。

教师："大家做了这么多小动物纸工作品，非常棒！我们给这些小动物找个安全的家，好吗？请大家想一想，如何把这么多可爱的小动物放在一个安全的地方呢？"

中班幼儿积极思考，提出各种想法，教师予以评价。

教师："大家把小动物纸工作品收集起来，让它们汇集成一本书——《小动物百科大全》。每当我们想看小动物的时候，可以将它拿出来翻阅，非常方便哟！"

教师选用卡纸制作《小动物百科大全》，安排中班幼儿将自己制作的小动物纸工作品用胶棒粘贴在每页卡纸上，同时让中班幼儿用彩笔装饰每一页卡纸的背景。书中可以介绍小动物的名称、生活习性等。

教师展示中班幼儿的集体智慧和劳动成果，对《小动物百科大全》进行评价，表扬表现出色的中班幼儿，引导中班幼儿了解团队合作的重要性。

（四）活动延伸

教师把这本《小动物百科大全》放在教室阅读区

角。每当中班幼儿有了新学会的小动物纸工作品时，可以将其放进这本书里。这样可以激发中班幼儿探索新事物的积极性，让他们动手体验劳动的快乐，也可以培养他们爱阅读的好习惯。

三、大班纸工模拟课——《年味》

（一）活动目标

（1）让大班幼儿了解中国传统节日习俗。

（2）培养大班幼儿对民族剪纸艺术的热爱和尊重，增强其民族自豪感。

（3）使大班幼儿掌握剪纸的方法和步骤，提高其动手操作能力。

（4）帮助大班幼儿在美术活动中养成良好的行为习惯。

（二）活动准备

（1）课前准备：课前引导大班幼儿寻找过年的味道。

（2）教具准备：课件、童谣《新年好》、剪纸作品。

（3）操作材料准备：彩色纸、剪刀、卡纸、胶棒等。

（三）活动过程

（1）教师组织大班幼儿观看课件，聆听童谣《新年好》，激发大班幼儿学习的兴趣，启发他们讲讲自己身边的年味，由此引出"贴窗花"这一过年习俗。

教师："大家知道我手里拿的是什么吗？这是剪纸窗花。剪纸是我国民间古老的艺术之一，每逢新春佳节或者结婚嫁娶之时便会用到，主要是为了渲染喜庆气氛、寄寓希望和装饰环境。"

（2）教师引导大班幼儿认识制作材料，师生共同探索剪纸窗花的做法，大班幼儿尝试学习剪纸的方法。

① 教师引导大班幼儿仔细观察课前准备好的剪纸作品，并熟悉剪纸的材料。

教师："你们知道剪纸是用什么材料做的吗？这些纸有什么特点呢？"

教师引导大班幼儿认识各种规格的纸，让其感受纸的质地、特征（诸如厚薄、粗糙程度等）。

② 大班幼儿探索剪纸的技巧。

教师（出示剪纸窗花）："这个剪纸窗花是我带给你们的祝福——愿你们每一天都开开心心！那么，谁会剪这个剪纸窗花？"

教师引导大班幼儿发挥想象力，让其谈谈自己思考的方法，再总结其方法。

教师："现在请大家用最短的时间、最巧的手，运用可行的方法把这个剪纸窗花剪出来，好吗？"

教师让大班幼儿尝试用可行的方法动手剪裁，然后自己在一旁观察。

教师："剪好的小朋友，请把你们的剪纸窗花举起来。谁愿意说说自己是怎么剪的呢？"

教师根据大班幼儿剪裁的情况，引导其发现问题（诸如不对称、形散等），并找出原因。

教师讲授折叠剪纸方法，通过演示剪纸窗花的制作过程，让大班幼儿产生动手制作的欲望。

步骤一：将纸折叠多次（诸如一次折叠、两次折叠、三次折叠、四次折叠等）。

步骤二：画出简单的纹样（纹样一笔成形，不能断）。

步骤三：按照纹样剪裁，小心打开对折纸，美妙的图案就出来了。

③ 大班幼儿制作五角星窗花，教师重点观察大班幼儿折、画、剪的方法，给予其适当指导。

幼儿按照剪纸的三个步骤，自己动手在纸上剪裁，尝试剪出五角星窗花。其间，教师巡视指导。

（3）大班幼儿展示作品，教师予以评价。

教师指导大班幼儿进行交流、讨论，又将优秀的作品贴在窗户上。

教师："你们今天的手儿真巧，做出了许多漂亮的窗花，快来把窗花贴在窗户上吧！看，我们的教室是不是充满了过年的气息！"

（四）活动延伸

（1）教师鼓励大班幼儿发挥聪明才智，尝试剪出其他的纹样，再评选出最独特、最有创意的作品。

（2）教师引导大班幼儿寻找其他的富有年味气息的习俗，诸如做花灯、贴年画等传统习俗，让大班幼儿了解中国传统节日习俗并弘扬传统节日文化，激发大班幼儿对民族传统艺术的热爱之情，培养传承民族技艺的接班人，增强大班幼儿的民族自豪感。

综上，模拟课是教师在教学过程中，主动将已学的内容有针对性地与幼儿教育教学活动相联系，设计具有形象性、情感性、愉悦性、民族性的课程。

幼儿园的美术教育活动是有目的、有计划地用形象引导幼儿主动参与多种形式活动的教育过程。教师在教育设计和组织教育活动时要树立整体意识，既要体现美术课程的特点，又要注意诸多教学方法的运用。希望教师能担负起引导幼儿观察事物、体验快乐与感受美的责任，创造条件吸引幼儿参与活动，运用得体的语言、规范的操作、正确的评价去引导幼儿学习，努力开创中国未来幼儿艺术教育的新局面。

思考与实践

（1）临摹阴纹剪纸和阳纹剪纸，在此基础上制作二方连续和四方连续剪纸。

（2）以动物或人物为主题，运用不同的手法创作两幅套色剪纸。

（3）以风景为主题创作一幅纸贴画。

（4）以四季为主题，选用不同的纸材，运用缠绕和编织的手法完成一幅衍纸和一幅编织作品。

（5）以某一卡通动画形象为原型，分别制作不同类型的两套面具和头饰。

（6）以动物为题材，完成六幅折纸作品。

（7）自行选择方法，制作一件彩球挂饰。

（8）制作一件纸浮雕作品。

（9）观察生活中常见的花卉，并选择四种做成纸花。

（10）根据节日习俗，设计制作一幅综合纸艺作品。

四、作品赏析（图1-172—图1-183）

图1-172　猫头鹰纸艺

图1-173　幼儿园场景纸雕

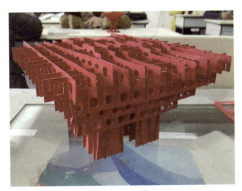

图1-174　立体纸雕

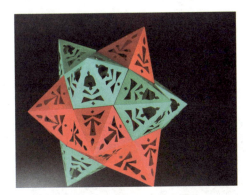

图1-175　立体六芒星纸雕

图1-176　花　球

图1-177　花卉纸艺

图1-178　荷花纸艺

图1-179　七星瓢虫纸艺

图 1-180 幼儿园墙饰

图 1-181 荷塘月色

图 1-182 海洋纸贴画

图 1-183 花瓶纸贴画

第二章 穿针引线——布工

第一节 布的分类及介绍

布艺是指布上的艺术，是中国古代民间手工工艺中的一朵瑰丽的奇葩。中国古代的民间布艺主要用于服装、鞋帽、床帐、挂包、背包、玩具和其他物件的装饰（诸如头巾、香袋、扇带、荷包、手帕等）。布艺是以布为原料，集民间剪织、刺绣等制作工艺于一体的综合艺术。在日常生活中，布艺生活用品不仅美观大方，而且具有较强的耐磨力。

布料是布艺装饰材料中的主要材料，面料的种类多种多样，主要包括棉、麻、丝、毛、化纤织品（图2-1—图2-6）等。

一、纤维的种类

1. 天然纤维

图 2-1　棉织品

图 2-2　麻织品

图 2-3　丝织品

图 2-4　羊毛织品

图 2-5 兔毛织品

图 2-6 化纤织品

（1）植物纤维：棉、麻等。

（2）动物纤维：取自动物身上的毛，诸如羊毛、兔毛；取自动物所吐的丝，诸如蚕丝。

2. 合成纤维

图 2-7 腈纶

图 2-8 涤纶

图 2-9 尼龙

合成纤维主要包括腈纶、涤纶、尼龙（图 2-7—图 2-9）等，特点是强度高、弹性好、易洗快干。

3. 再生纤维

图 2-10 粘胶纤维

图 2-11 醋酯纤维

图 2-12　铜氨纤维

再生纤维主要包括粘胶纤维、醋酯纤维、铜氨纤维（图 2-10—图 2-12）等，特点是手感柔软、光泽好、吸湿性好、透气性好、染色性能好。

二、布料的分类

1. 棉布

棉布是各类棉纺织品的总称。棉布分为本色白布、色布、花布、色织布四大类，每一类又包括许多品种。它的优点是轻松保暖、柔和贴身、吸湿性强、透气性好；缺点是易缩、易皱。

2. 麻布

麻布是以大麻、亚麻、苎麻、黄麻、剑麻、蕉麻等各种麻类植物纤维制成的一种布料。它的优点是强度极高、吸湿、导热、透气性甚佳；缺点是外观较为粗糙、生硬。

3. 丝绸

丝绸是以蚕丝为原料纺织而成的各种丝织物的统称。与棉布一样，它的品种很多，样式各异。它的优点是轻薄、合身、柔软、滑爽、透气、色彩绚丽、富有光泽、高贵典雅；缺点是易生折皱、容易贴身、不够结实、褪色较快。

4. 呢绒

呢绒又称"毛料"，是各类羊毛、羊绒织物的泛称。它的优点是防皱耐磨、手感柔软、高雅挺括、富有弹性、保暖性强；缺点是洗涤较为困难，不适用于制作夏装。

5. 化纤

化纤是化学纤维的简称。它是利用高分子化合物为原料制作而成的纤维纺织品，通常分为人工纤维与合成纤维两大类。它的优点是色彩鲜艳、质地柔软、悬垂挺括、滑爽舒适；缺点是耐磨性、耐热性、吸湿性、透气性较差，遇热容易变形、容易产生静电。

6. 混纺

混纺是将天然纤维或化学纤维按照一定的比例，混合纺织而成的织物。它的优点是既吸收了棉、麻、丝、毛和化纤各自的优点，又具有挺拔、不易褶皱、易洗快干等特点；缺点是光泽暗淡、手感松散。

7. 莫代尔

莫代尔纤维是一种高湿模量粘胶纤维的纤维素再生纤维。该纤维的原料采用欧洲的榉木，先将其制成木浆，再通过专门的纺丝工艺加工成纤维。该产品原料全部为天然材料，能够自然分解，对人体无害，对环境也无害。它的优点是将天然纤维的豪华质感与合成纤维的实用性合二为一，不仅具有棉的柔软、丝的光泽、麻的滑爽，而且其吸水性、透气性都优于棉布，具有较高的上染率，织物颜色明亮而饱满；缺点是容易变形、挺括性差。因此，人们将莫代尔与多种纤维混纺、交织，诸如棉、麻、丝等，以提升这些布料的品质，使面料能保持柔软、滑爽，发挥各自纤维的特点，达到更佳的使用效果。

通过对以上各种布料优缺点的认识，教师可以让幼儿了解当下人们利用布料制作各种布艺手工来达到美化生活的目的。因此，布艺又有了另一层含义，它是以布为主料，经过艺术加工达到一定的艺术效果，且满足人们的生活及精神审美需求的制品。当然，传统布艺和现代布艺之间没有严格的界限，传统布艺也可以自然地融入现代布艺的装饰中。

第二节 布的加工技法

谈起中国传统手工布艺的加工制作技法，首先要说到缝纫、刺绣，在中国古代民间艺术中它们被称为"女红"。中国古代勤劳智慧的女性将自己美好的情感注入挑针缝制之中，创造出了无数动人心弦的布艺作品，其手工制品的风格或细腻纤秀、淡洁清雅，或粗犷豪放、色彩鲜明。中国古代的布艺作品主要有绣花、挑花、贴花等。绣花，是以布、绸、缎、帛为主要原料，运用铺针、平针、散针、打子、套扣、盘金、辫绣、锁绣等针法，依据地域和风俗的不同来进行绣花。我国南方地区的刺绣（图2-13）历史比北方久远，技术也比北方高，风格更为细腻、雅洁；北方地区的刺绣（图2-14）用针较粗，配色亮丽。挑花，又称"十字绣"，是严格地按照面料经纬纹路，挑绣等距离、等长度的十字，并排列成各种花纹、图案的刺绣形式，形成独特的、寓意吉祥的几何纹装饰风格。布贴花，又称"补花"，是用小块不同颜色的布料拼接而成的各种图案的刺绣手法。中国古代民间有给小孩穿"百家衣"（图2-15）的习俗，即向乡邻收集各种颜色的布料拼制成童衣，有换取百家护佑之意。

图2-13　南方地区的刺绣

图2-14　北方地区的刺绣

图2-15　百家衣

第三节　布的装饰技法

随着当今科技的发展，布的种类也越来越多。即使是普普通通的碎布，通过人们的一双巧手，也能创造出风格各异的布艺作品，既环保又美观，给人带来"布"一样的精彩生活以及与众"布"同的舒适感受。

人们可以根据不同布料的特点，构思和创作作品并进行装饰。常用的基本技法有贴、缝、绣、镶嵌、染等。贴，即粘贴，是布艺制作过程中经常使用的技巧。过去，人们用面粉制作黏稠的糨糊把布一层层地糊在物品上，用来制作鞋、帽和小配饰。传统的绣球也是利用这种技艺制作的。今天，人们运用的技法更加灵活多样。人们可以通过构思，把多个形象粘贴、拼接在一起，从而制作出一些布艺作品。缝，即缝制，是布艺制作的主要技巧，诸如拼合布样、钉纽扣、锁边等。人们不仅可以根据设计构思把裁好的布料形象缝在一起，还可以对作品边缘进行锁边缝，装饰美化。

在布艺制作过程中，人们可以根据不同的需要，采用不同的针法。主要的针法有回针缝、平针缝、缩口缝、打结与藏线、藏针缝、锁边缝等。回针缝的技巧是先向前缝一针，再后退半针，然后继续向前缝。这是做布偶（图2-16、图2-17）时常用的手缝基础针法。平针缝的技巧是在布面的一面，不断向前缝。这是做装饰品（图2-18、图2-19）时常用的手缝基础针法。缩口缝的技巧是先用平针缝制一圈，再填充好棉花，然后拉紧线，最后在缩口上来回打十字，即可缝紧（图2-20—图2-23）。打结与藏线：打结的技巧是先插一针，再将线的一端绕针两圈，然后按住绕好的线，最后将针抽出即可打结（图2-24—图2-28）；藏线的技巧是先打结，再将针从打结处穿入，然后穿过布后拉出、剪线，最后拉紧布即可将线头藏入。藏针缝，常用于布娃娃各部分的连接，诸如布偶的头与身体的连接。它的技巧是先上缝一针，再下缝一针，

图2-16　布老虎

图2-17　布艺猫

图2-18　布艺抽纸盒

图 2-19 装饰挂画

边缝边拉紧（图2-29—图3-35）。锁边缝的技巧是针从两片布之间穿入，从布的一面穿出，再垂直穿过两片布，从起针的位置出来，拉出一个线圈，然后从线圈里穿过，并拉紧线，最后依次往下缝（图 2-36—图 2-38）。在布艺制作过程中，很多时候要把布料反着缝制，最后留一个小口不缝，将所有的布料再从这个小口中翻过来，这称作"反口"。

绣，是在传统织绣针法的基础上，融入了现代的设计构思。镶嵌，增添了许多现代的材料对布艺作品进行装饰，使其装饰感更强。染，扎染工艺分为扎结和染色两部分，它是通过纱、线、绳等工具，对织物进行扎、缝、缚、缀、夹等多种形式组合后染色，也可以运用一些现代的技法和颜料，对布料进行染色装饰。

图 2-20　步骤一

图 2-21　步骤二

图 2-22　步骤三

图 2-23　步骤四

图 2-24　步骤一

图 2-25　步骤二

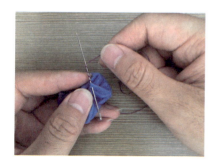

图 2-26　步骤三

图 2-27　步骤四

图 2-28　步骤五

第二章 | 穿针引线——布工

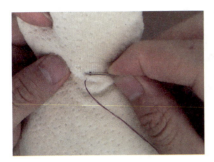

图2-29　步骤一

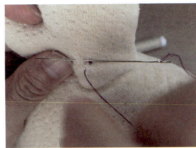

图2-30　步骤二

图2-31　步骤三

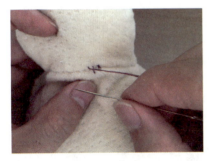

图2-32　步骤四

图2-33　步骤五

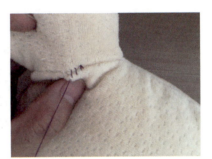

图2-34　步骤六

图2-35　步骤七

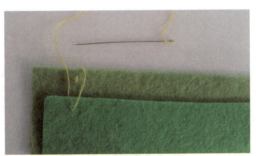

图2-36　步骤一

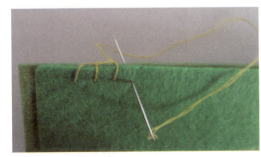

图2-37　步骤二

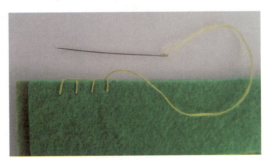

图2-38　步骤三

不管是传统的加工制作方法，还是现代的手工装饰技法，基本可以概括为贴、缝、绣、镶嵌、染等。传统与现代的融合，或清新自然，或典雅华丽，或情调浪漫，使布艺在生活中越来越受到人们的喜爱。（图2-39—图2-42）

图 2-39　小鱼布包

图 2-40　小鱼零钱包

图 2-41　狮子布偶

图 2-42　扎染墙布

第四节 布的平面造型

一、布贴画简述

布贴画原名"宫廷补绣",俗称"布贴画",又叫"布堆画""布贴花""布摞花"。布贴画是一种从古老技艺上发展起来的艺术品,用布料的天然纹理和花纹,将画用布贴的形式表现出来的艺术形式。它主要通过对布的剪、刻、粘贴、填充制作而成。布贴画除了会用到专用布以外,还可以利用生活中废弃的布条。由于生活中使用的布条材质和色彩不同,可以先对其进行分类,然后根据具体的特性及作品设计需求选用,从而实现废物的再利用。

布贴画因其制作手法简单且装饰性强深受幼儿的喜爱,因此它既是幼儿美术教育不可缺少的课程之一,也是幼儿园环境布置常用的方法之一。通过布贴画的教学可以激发幼儿的想象力和创造力。

二、布贴画制作技法与工具材料

布贴画是一种特殊的艺术表现形式。它是指运用各种剪贴手法,把各种材料制成各种形象的、具有装饰风格的艺术形式。布贴画具有取材便捷、制作方便、变化丰富等特点。不织布贴画是布贴画的一种,它只是限定了材料的范围,运用的手法并没有因材料的变化而变化。

1. 布贴画制作技法

布贴画从技法上可以分为并列粘贴和重叠镶嵌粘贴。其中,并列粘贴是指将设计图稿的形象分别剪切,再根据设计分块粘贴,粘贴的时候既要注意整体的效果,又要注意画面的色彩关系。重叠镶嵌粘贴是指将剪切好的形象根据自下而上、先大后小的顺序粘贴,粘贴的时候注意背景与形象之间的叠压关系。重叠镶嵌粘贴具有一定的立体感。

2. 布贴画制作的辅助材料

（1）棉布：主要用于人物服饰、鞋帽、卡通形象的制作等。

（2）人造棉：染色之后可以做底板布，也可以做各类布艺花卉和人物服饰等。

（3）丝绸：质地薄软，可以做各类布艺花卉和人物服饰等。

（4）定型棉：可以使作品具有非常强的立体感，一般作为衬垫的原料。

（5）硬纸板：主要用作图稿和画稿的底板。

（6）复写纸：复印图样。

（7）白乳胶：常用的黏合剂。

（8）卡纸：主要用于固定布贴画作品。

（9）双面胶：主要用于将布贴画粘贴在底板上。

3. 布贴画常用的工具

（1）剪刀、刀子：剪刀、花边剪、刻刀，主要用于剪裁图稿、布料。

（2）镊子：便于粘贴及花样定位。

（3）锥子：主要用于钻孔和刻画图稿。

（4）铅笔：绘制图稿。

（5）小号刷子：主要用于刷胶。

（6）KT板、三合板：主要用作垫板。

三、布贴画创作方法

（一）构思

确定画面的主题、内容、布局、色调，灵活运用各种制作技法。

（二）绘制图稿

构思确定后，在素描纸上进行草图绘制。注意构图的整体性和形象的生动性。

（三）制作

首先，根据设计选择色调合适的布料，按照图稿剪裁每个形象的局部，便于组合。剪裁时，在保证画面整体色调的基础上，可以做局部的微调，这样可以取得意想不到的艺术效果。其次，粘贴时注意轮廓之间的叠压关系。先粘贴最底层，再由下到上，逐层粘贴。

四、实践探索

（一）工具材料

（1）工具：剪刀、花边剪、刻刀、双面胶、白乳胶、铅笔、勾线笔、橡皮、小号刷子、镊子。

（2）材料：多色植绒布、素描纸、泡沫板等。（图2-43）

图 2-43　材　料

（二）制作步骤

（1）设计构图：确定主题，构思形象，根据设计选择材料，同时注意色彩的搭配。

（2）剪裁图样：先根据事先设计好的图样剪裁，再依照构图把形象安排在合适的位置。注意形象的叠压关系，以及线条的疏密变化、色彩的对比关系。

（3）粘贴：将形象依照由下到上的顺序准确粘贴。

（4）调整完成：根据画面需求适当调整图稿。

（三）教学案例

1. 案例解析一：《少女》

（1）工具材料：剪刀、花边剪、刻刀、双面胶、白乳胶、胶枪、铅笔、勾线笔、橡皮、镊子、小号刷子、卡纸、多色植绒布、素描纸、泡沫板等。（图2-44、图2-45）

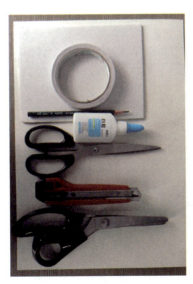　

图 2-44　工　具　　　图 2-45　材　料

（2）制作步骤。（图 2-46—图 2-50）

步骤一：在素描纸上构思、设计图稿，注意图稿的构图比例以及色彩的对比关系。

步骤二：根据图稿寻求合适的布头，并且以单个整体形象作为模板，剪切人物身体的各个部分。

步骤三：根据剪刻好的人物身体的各个部分，用白乳胶或双面胶将剪刻好的布分别粘贴到人物模板上去，注意人物身体的各个部分之间的叠压关系。

步骤四：根据图稿将其他人物按照同样的方法和步骤制作。

步骤五：把制作好的形象，分别用双面胶粘贴到合适的位置，完成制作，展示作品。

图 2-46　步骤一

图 2-47　步骤二

步骤三（1）　　步骤三（2）　　步骤三（3）　　步骤三（4）

图 2-48　步骤三

步骤四（1）　　步骤四（2）

图 2-49　步骤四　　　　　　　　　　图 2-50　步骤五

2. 案例解析二：《夜》

(1) 工具材料：剪刀、刻刀、双面胶、胶枪、白乳胶、铅笔、勾线笔、素描纸、多色不织布。（图 2-51、图 2-52）

图 2-51　工　具　　　　　图 2-52　材　料

(2) 制作步骤。（图 2-53—图 2-58）

步骤一：构思、设计图稿，绘制主体形象以及陪衬物，注意鸟的神态及鸟与月亮、树枝的关系。

图 2-53　步骤一　　　图 2-54　步骤二　　　图 2-55　步骤三

步骤二：设计画面的色彩关系，注意鸟的整体色彩搭配及其与背景色彩关系的处理。

步骤三：设计好构图与色彩后，用剪刀或刻刀把素描纸上鸟的各个部分剪刻下来。

步骤四：将鸟的各个部分的纸样分别放到不织布上，用勾线笔依照纸样在不织布上进行描绘。注意在描绘时，如果遇到有叠压的图形，需要在叠压处多画出 0.5 cm，然后对不织布进行剪裁。

步骤四（1）　　　　　　步骤四（2）　　　　　　步骤四（3）

图 2-56　步骤四

步骤五：依照设计好的构图，分别将图形按照先主体后陪衬、自下而上的顺序进行摆贴，观察图稿的色彩搭配并及时予以调整。

步骤六：确认好图稿的色彩搭配之后，用胶枪自上而下进行粘贴，完成制作，展示作品。

图 2-57　步骤五

步骤六（1）　　　　步骤六（2）　　　　步骤六（3）　　　　步骤六（4）

步骤六（5）　　　　步骤六（6）　　　　步骤六（7）　　　　步骤六（8）

图 2-58　步骤六

（四）作品赏析（图 2-59—图 2-68）

图 2-59　街　景　　　　　图 2-60　竹林少女　　　　　图 2-61　春日漫步

图 2-62　民族少女　　　　图 2-63　山中小屋　　　　　图 2-64　小猪佩奇

图 2-65　快乐伙伴　　　图 2-66　孙悟空　　　图 2-67　时　钟　　　图 2-68　向日葵

第五节 布的半立体造型

布的半立体造型是一种类似于浮雕的布艺工艺，主要是以布为素材，使用剪刀、刻刀、针线、胶枪作为辅助工具，将布通过剪、贴、缝、绣、挑、拼、缠、叠、镶等各种技法，使之在视觉上有一定立体感的综合艺术。

布的半立体造型常用的制作手法有机器模具切割塑形和手绘图形剪刻塑形两种。在手工教学中，我们主要学习手绘图形剪刻塑形的制作方法与步骤。

布的半立体造型作品可以装饰幼儿园室内空间，同时随着科学技术的发展，新的材料、新的技法的创新，布的半立体造型作品形式呈现出多样化发展的趋势。幼儿学习布的半立体造型的制作，对于其立体思维能力的塑造有着不可忽视的作用。

一、布嵌画艺术

布嵌画是镶嵌画的一种表现形式。早期的镶嵌画所用的材质是石块、玛瑙、玉石、玻璃等材料，它是以材料的组合代替绘制，这种画具有形象生动、经久耐用的特点，常被用于装饰墙面、天花板。后期由于材料的发展，其艺术表现形式逐步多样化。

布嵌画是利用各种不同质地、颜色的布，依构成原理，经嵌入、拼贴、粘合等方法制作而成的布艺作品。布嵌画在艺术表现形式上可以分为抽象和具象两种，在题材上可以分为风景画、人物画、动物画、花卉画等。其艺术特点是经济实用，具有浮雕感，装饰性强。

（一）布嵌画常用的工具材料

（1）工具：铅笔、橡皮、剪刀、花边剪、刻刀、镊子、锥子。

（2）材料：底板（KT板）、素描纸、各色花布、绒布、白乳胶等。

(二) 布嵌画案例

1. 案例解析:《向日葵》

(1) 工具材料:各种材质的多色布料、底板(KT板)、素描纸、白乳胶、铅笔、剪刀、花边剪、刻刀、镊子、锥子。(图2-69)

图2-69 工具材料

(2) 制作步骤。(图2-70—图2-75)

步骤一:在素描纸上设计向日葵的形象,构思画面的色彩构成。

图2-70 步骤一　　图2-71 步骤二

步骤二:将素描纸上的向日葵拷贝到底板(KT板)上。

步骤三:依据构思的色彩选择背景布料,按照从上到下、从左到右的顺序,先用刻刀轻刻底板(KT板),注意不要刻穿底板,再用双面胶将装饰布料镶嵌在底板(KT板)的相应位置上。

步骤三(1)　　步骤三(2)　　步骤三(3)　　步骤三(4)

图2-72 步骤三

步骤四:选择合适的布条,剪切成向日葵花瓣的图样,注意布的大小要略大于底板(KT板)上的图案。

在选择花瓣颜色时,注意花瓣的色彩对比,做到和谐统一。向日葵花蕊颜色的选择要具有对比性,可以选择不同材质的布料以增加画面的对比性。在镶嵌时,可以用锥子或者刻刀将布边按压至缝隙中。

步骤五:花瓶颜色的选择,要做到与背景色调和谐统一。

步骤四(1)

步骤四(2)

步骤四(3)

步骤四(4)

步骤四(5)

图 2-73　步骤四

图 2-74　步骤五

步骤六:右侧陪衬花盆可以蓝色为主色调,这与画面上部的背景色调相呼应,陪衬花盆中花卉颜色的选择也要注意与画面色彩的呼应关系。在镶嵌时,注意布料边缘的处理。

步骤六（1） 步骤六（2） 图 2-76 步骤七

图 2-75 步骤六

步骤七：完成制作，展示作品。

二、不织布半立体花卉

(一) 不织布半立体花卉常用的工具材料

(1) 工具：剪刀、花边剪、刻刀、铅笔、胶枪。

(2) 材料：素描纸、多色不织布。

(二) 不织布半立体花卉案例

案例解析：《不织布盘花》

(1) 工具材料：剪刀、花边剪、刻刀、铅笔、胶枪、素描纸、多色不织布。（图 2-77）

图 2-77 工具材料

(2) 制作方法。

① 设计：确定主题，构思形象，根据设计选择材料，同时注意色彩的搭配。

② 剪裁：根据事先设计好的图样进行剪裁，注意图样的大小比例关系。

③ 粘贴：将剪裁好的图样逐层进行粘贴。

图2-78　步骤一

④ 调整完成：根据花卉形象做些适当调整。

（3）制作步骤。（图2-78—图2-86）

步骤一：根据设计剪切一个圆盘作为盘花的底托。

步骤二：准备大、中、小三种规格的方形作为花瓣的雏形。

步骤三：剪切出若干大、中、小三种规格的花瓣。

图2-79　步骤二

图2-80　步骤三

步骤四：把剪切好的花瓣用胶枪塑形。

步骤四（1）

步骤四（2）

图2-81　步骤四

步骤五：用胶枪把花瓣按照由外到内、由大到小的顺序粘贴到底托上。

步骤五（1）

步骤五（2）

图2-82　步骤五

步骤六：在粘贴第二层花瓣时，注意边缘的叠压关系。

图 2-83　步骤六

步骤七：在粘贴第三层花瓣时，注意盘花的整体塑形。

步骤七（1）　　　　　　　　　步骤七（2）

图 2-84　步骤七

步骤八：制作花蕊。

步骤八（1）　　　　　　　　步骤八（2）　　　　　　　　步骤八（3）

图 2-85　步骤八

步骤九：把花蕊粘贴在盘花中心，再适当做些调整，完成制作，展示作品。

步骤九（1）　　　　　　　　　步骤九（2）

图 2-86　步骤九

三、作品赏析（图 2-87—图 2-94）

图 2-87 鲜花

图 2-88 花篮

图 2-89 花丛

图 2-90 花盘

图 2-91 花扇

图 2-92 花瓶

图 2-93 天鹅

图 2-94 海滨

第六节 布的立体造型

一、布的立体造型简述

布的立体造型是以各种材质的布料为素材，运用剪、贴、缝、绣、挑、拼、叠、缠、镶等技巧，构成的立体造型艺术。在手工教学中，我们主要是以不织布为主，棉麻和丝绸为辅来制作布的立体造型。接下来将以不织布为主材，重点介绍布艺花卉、布艺玩教具的制作方法和步骤。

布艺作品相对于纸艺作品具有容易定型的特点，同时布的质感和韧性也是其他材质所不具备的。不同材质的布，制作技法不同，展现出的艺术效果也大不相同。因此，在实际应用中，我们可以尝试不同材质的素材，体验与众不同的视觉与触觉的盛宴。

二、布的立体造型常用的工具材料

（1）材料：多色不织布、各色花布、绒布、花秆、厚素描纸、针线套装等。

（2）工具：铅笔、剪刀、花边剪、刻刀、镊子、白乳胶、锥子、钳子、胶枪。

三、布的立体造型案例

1. 案例解析一：《花蕊仿真花》

布艺花卉是布艺独特的艺术表现形式。它是指运用各种剪刻、穿插、粘贴、缝合等手法，制作各种具有装饰风格的花卉的艺术形式。其特点是取材便捷、制作方便、变化多样。不织布花卉是布艺花卉制作中比较有代表性的一种，它只限定材料的范围，但运用的手法并没有因材料的变化而变化。

布艺花卉从制作技法上可以分为剪裁、贴合塑形等。其中剪裁是剪切花卉的花瓣、花蕊、叶子，贴合塑形则分为粘贴和缝制两种方法。粘贴是用胶枪，缝合是用针线，两者分别可以产生不同的艺术效果。

（1）工具材料：剪刀、花边剪、刻刀、铅笔、镊子、钳子、胶枪、多色不织布、各色花布、绒布、花秆、成品花蕊、厚素描纸、针线套装等。（图2-95）

（2）制作方法。

① 构思：根据花卉的形象及结构特点，选择制作技法。

② 制图：构思确定后，制作小样。初学者在素描纸上绘制花瓣和叶子，注意花瓣、花蕊与叶子的大小比例关系。

③ 制作：首先，根据设计选择合适的制作技法，按照图稿小样剪裁每个形象的局部。在剪裁时，注意花瓣的大小变化，一般越靠近花蕊，花瓣越小。其次，在粘贴时，注意花瓣之间的叠压关系。最后，按照由内到外的顺序逐层粘贴花瓣，在粘贴时注意花卉的整体塑形。

图2-95　工具材料

（3）制作步骤。（图2-96—图2-107）

步骤一：剥去花秆上的装饰色纸，宽度约1 cm。

步骤二：将花秆铁丝部分弯成钩状。

步骤三：取五根花蕊，对折放入花秆弯钩处，再用钳子压紧。

图 2-96　步骤一

图 2-97　步骤二

图 2-98　步骤三

图 2-99　步骤四

步骤四：在素描纸上绘制十二片花瓣，注意设计花边的形状，花瓣的瓣数可根据具体花形设计。

步骤五：将花瓣拷贝两份，一份缩放至二分之一大小，另一份缩放至四分之一大小。

图 2-100　步骤五

图 2-101　步骤六

步骤六：用不织布剪出两种或三种规格的正方形。

步骤七：将素描纸上的图案拷贝至不织布上，按照图案进行剪切，得到若干大、中、小三种规格的花瓣。

步骤八：按照同样的方法设计花萼，并进行裁剪。

图 2-102 步骤七

图 2-103 步骤八

步骤九：用制作好的花秆穿过花瓣的中心，注意按照先小瓣、后大瓣的顺序穿插。花的层次由花瓣的多少来决定。

步骤九（1）

步骤九（2）

步骤九（3）

步骤九（4）

图 2-104 步骤九

步骤十：穿插花萼。

步骤十一：剪切若干叶片，将叶片粘贴到花秆上，调整花瓣，注意花瓣的层次感。

图 2-105 步骤十

图 2-106 步骤十一

步骤十二：完成制作，展示作品。

图 2-107 步骤十二

2. 案例解析二：《布艺仿真花》

（1）工具材料：铅笔、剪刀、花边剪、刻刀、镊子、胶枪、多色不织布、针线套装等。（图2-108）

图 2-108 工具材料

（2）制作步骤。（图 2-109—图 2-118）

步骤一：根据花形选择所需的颜色，剪切若干圆形花片、开口圆形花片、半圆形花片。圆形花片半径约为 3.5 cm，半圆形花片略小，开口圆形花片和半圆形花片半径相等。

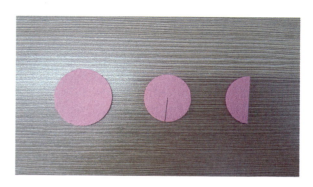

图 2-109　步骤一

步骤二：用线缝制圆形花片。

步骤二（1）

步骤二（2）

步骤二（3）

图 2-110　步骤二

步骤三：先将珠子放到缝制好的圆形花片中间，再将线收紧、打结。

图 2-111　步骤三　　　　　　　图 2-112　步骤四

步骤四：先将五片半圆形花片叠加摆放，再用线缝起来。

步骤五：先将缝制好的小花苞放到花瓣中间，再将花瓣的线收紧。若想使层次更加丰富，可以再叠加一层花瓣。花朵越大，花瓣层次越多。

步骤五（1）　　　　　　　　　步骤五（2）

步骤五（3）

图 2-113　步骤五

步骤六：先调整花苞，收紧花苞底口，再用线锁死。

步骤六（1）　　　　　　　　　步骤六（2）

图 2-114　步骤六

步骤七：将开口圆形花片重叠、固定、塑形，制成若干花瓣。

步骤七（1）　　　　　　　　　步骤七（2）

图 2-115　步骤七

步骤八：将花瓣用胶枪依次进行粘贴，注意调整花瓣的层次。

步骤八（1）　　　　　　　　　步骤八（2）

步骤八（3）　　　　　　　　　步骤八（4）

图 2-116　步骤八

步骤九：剪切叶片，将其粘贴到仿真花的底部，注意正确摆放叶片的位置。

图 2-117　步骤九

图 2-118　步骤十

步骤十：完成制作，展示作品。

3. 案例解析三：《布艺面具》

（1）工具材料：剪刀、花边剪、铅笔、刻刀、镊子、素描纸、多色不织布、松紧带、针线套装等。（图2-119）

图 2-119　工具材料

（2）制作步骤。（图 2-120—图 2-122）

步骤一：根据设计在素描纸上绘制面具草图，设计好形象各部位的颜色。

步骤二：先拷贝已经设计好的形象，将其放到不织布上，再剪切形象各部位，注意根据设计的颜色选择布料，然后把剪切好的形象各部位进行组合摆放，观察一下各部位之间的大小配比以及色彩关系是否恰当。

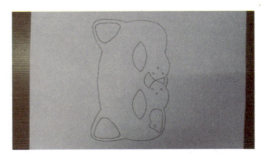

图 2-120　步骤一

 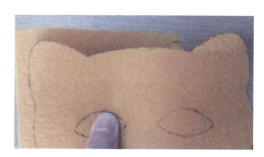

步骤二（1）　　　　　　　　　　　步骤二（2）

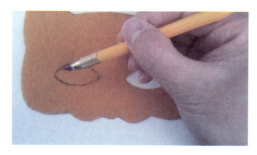 

步骤二（3）　　　　　　　　　　　步骤二（4）

图 2-121　步骤二

步骤三：先单面缝合面具形象的五官，再用锁边缝的方式缝合形象的轮廓，注意缝合时的针法，然后在面具形象的左侧和右侧分别缝上松紧带，最后完成制作，展示作品。

步骤三（1）　　　　　　　　　　　步骤三（2）

步骤三（3）　　　　　　　　　　　步骤三（4）

步骤三（5）

步骤三（6）

步骤三（7）

步骤三（8）

图 2-122　步骤三

4. 案例解析四：《布艺手偶麋鹿》

（1）工具材料：剪刀、花边剪、铅笔、刻刀、镊子、素描纸、多色不织布、针线套装、珍珠棉等。（图 2-123）

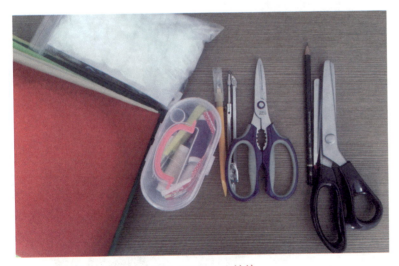

图 2-123　工具材料

（2）制作方法。

① 构思、设计：根据需求设计图稿，确认好整体色彩

关系。

②绘制、剪切：绘制图稿并将图稿拷贝至不织布上，然后剪切图形各部分。

③制作、缝合：先单层缝合图形五官及装饰物，再锁边缝合形象轮廓。

（3）制作步骤。（图 2-124—图 2-130）

指偶的制作步骤同手偶相似，只是在外形大小上略有区别。

步骤一：在素描纸上绘制麋鹿线稿。

步骤二：先用曲别针将麋鹿线稿固定在两张同色不织布上，再用剪刀沿着麋鹿的轮廓剪切。

步骤三：剪出麋鹿的五官，并在剪好的麋鹿的外形上摆放，观察其五官比例和色彩是否和谐。

图 2-124　步骤一

步骤二（1）

步骤二（2）

图 2-125　步骤二

步骤三（1）

步骤三（2）

图 2-126　步骤三

步骤四：先把麋鹿的鹿角用针线缝在麋鹿的外形上，在缝制的过程中，再把珍珠棉塞进鹿角里面。

步骤四（1）

步骤四（2）

图 2-127　步骤四

步骤五：先把麋鹿的耳朵和手缝在麋鹿的外形上，在缝制的过程中，再把珍珠棉塞进麋鹿的耳朵和手里面。

步骤五（1）

步骤五（2）

图 2-128　步骤五

步骤六：先把准备好的麋鹿的眼睛、鼻子、嘴巴、肚子缝在麋鹿的外形上，在缝制的过程中，再把珍珠棉塞进麋鹿的眼睛、鼻子、嘴巴、肚子里面。

步骤六（1）　　　　　　　　步骤六（2）

图 2-129　步骤六

步骤七：把麋鹿的轮廓用锁边缝的方法缝好，注意缝合时，底端不要缝合。完成制作，展示作品。

步骤七（1）　　　　　　　　步骤七（2）

图 2-130　步骤七

四、布的立体造型案例赏析（图 2-131—图 2-162）

图 2-131　小布熊

图 2-132　小布猪

图 2-133　植物大战僵尸

图 2-134　小动物伙伴

图 2-135　灰太狼一家

图 2-136　小猪佩奇一家和朋友们

| 手 工 | Handwork

图 2-137 小海豚布偶

图 2-138 白色瓶插花

图 2-139 布灯笼瓶插花

图 2-140 麻绳瓶插花

图 2-141 圣诞花环

| 第二章 | 穿针引线——布工

图 2-142　巧虎指套

图 2-143　小松鼠指套

图 2-144　小猴指套

图 2-145　小蜜蜂指套

图 2-146　圣诞老人指套

图 2-147　小猫指套

图 2-148　小鸟指套

图 2-149　小猴指套

图 2-150　小牛指套

图2-151 卡通指套

图2-152 女郎面具

图2-153 梅花鹿面具

图2-154 小狗面具

图2-155 小灰兔面具

图2-156 小花狗面具

图 2-157 小猪佩奇

图 2-158 海绵宝宝

图 2-159 小女孩

图 2-160 猫和老鼠

图 2-161 圣诞吉祥物

图 2-162 辛普森布艺

第七节 幼儿园中布工的运用

布艺不仅在现代的生活中得到人们的喜爱和运用，还在幼儿园日常教育教学中得到广泛的运用。（图2-163—图2-170）

图2-163 布艺墙

图2-164 布艺挂饰

图2-165 布艺牌

图2-166 布艺贴图

图 2-167　布艺饰品

图 2-168　卡通玩偶

图 2-169　布艺画

图 2-170　布艺玩具

　　布是一种柔软的材料，安全耐用，因此布艺玩教具深受幼儿的喜爱。布艺玩教具的制作可以追溯到古代，人们用布缝制布偶供孩子玩耍，还有许多传统的玩教具，例如，沙包、蹴鞠都是用布料制作而成的。布艺玩教具作为幼儿园中的自制玩教具，它已成为一种独特的课程资源，比一般的玩教具更具有教育针对性，更能促进儿童的发展。由于布料选材方便、制作简便，布艺玩教具至今仍是学前教育中常见的玩教具。（图2-171—图2-173）

　　幼儿园环境是重要的教育资源，应通过环境的创设，有效地促进幼儿的发展。幼儿园环境创设是一项复杂的系统工程，教师必须对幼儿的身心发展特点有全面、透彻的了解，充分认识环境材料可能蕴含的教育价值，运用科学的方法引导幼儿与环境相互作用，帮助幼

图 2-171 卡通少女

图 2-172 小布包

图 2-173 小布虎

儿做一些手工布艺的吊饰，把幼儿做出来的吊饰挂在幼儿园教室或者宿舍里，在美化环境的同时激发幼儿的创作热情。幼儿园主题墙饰的创设可以加入手工布艺制品，在教师的指导帮助下让幼儿真正成为墙饰的创作者和设计者。在幼儿园主题墙饰的创设中，我们注重幼儿自己动手创作、亲身体验，这有利于激发幼儿的学习兴趣，培养幼儿自主学习的好奇心和求知欲，从而达到事半功倍的教育效果。（图2-174—图 2-179）

图 2-174 布艺墙饰

图 2-175 布艺贴图

图 2-176 布艺照片墙

图 2-177 布艺贴画

图 2-178 布艺墙画

图 2-179 布艺挂饰

在幼儿园中，布艺类玩教具被应用于各个领域，诸如益智类、美术类、表演类等教学中。它运用了现代的一些工艺技法，诸如胶枪粘贴等。其特点是方便快捷、易于操作、材质坚固。我们可以利用它的优势，丰富幼儿园教学的内容，激发幼儿学习的乐趣。在幼儿园的环境创设中，布艺类玩教具起到了举足轻重的作用，它不仅颜色丰富、花样繁多，而且材质种类多样、形式复杂多变。此外，它的强度和耐磨性较好，运用起来更加方便、快捷，效果也更加突出。（图2-180—图2-183）

图 2-180　小兔布箱

图 2-181　布艺蔬菜

图 2-182　卡通指套

图 2-183　小新娘

一、小班纸工模拟课——《巧装扮》

（一）活动目标

（1）让小班幼儿利用剪、拼、贴等步骤制作小动物头饰。

（2）培养小班幼儿制订计划、按步骤完成计划的能力。

（二）活动重点和难点

（1）重点：引导小班幼儿制作小动物头饰。

（2）难点：让小班幼儿根据小动物的不同特点设计不同的小动物形象。

(三) 活动准备

(1) 课前准备：布置场景。
(2) 教具准备：投影机和有关资料。
(3) 操作材料准备：彩色不织布图片、剪刀、胶枪、各种装饰品、松紧带等。

(四) 活动过程

1. 游戏进入活动场地

教师扮演八哥老师，小班幼儿扮演小动物，师生同听乐曲、做律动操、进入拱门，教师引导幼儿观察环境，鼓励他们使用场地上的材料，进行简单的游戏，从中感知圆形、环状、球状物体的共同特点。

2. 进园的联想

教师引导小班幼儿讲出活动中所接触到的藤圈、皮球的外形及共同特征并将其归纳为圆的几何形状。

3. 引出课题

教师引导小班幼儿制作一个自己喜欢的小动物头饰去参加联欢会。

4. 组织小班幼儿设计方案

教师引导小班幼儿观察桌上圆的几何形状材料的特点，让个别小班幼儿讲出自己的制作方案并互相启发。

5. 观看投影

教师引导小班幼儿从投影中找出由圆构成的小动物形象。

6. 解决教学难点，简述制作步骤

教师引导小班幼儿运用圆形布料，根据小动物的不同特点设计不同的小动物形象。

制作步骤：(图 2-184—图 2-186)

步骤一：把事先准备好的彩色不织布圆片发给小班幼儿。

图 2-184　步骤一

步骤二：根据小动物的形象特点，剪裁、粘贴不织布。

步骤二（1）　　　　　　步骤二（2）　　　　　　步骤二（3）

图 2-185　步骤二

步骤三：完成制作，展示作品。

图 2-186　步骤三

7. 小班幼儿制作头饰

教师观察小班幼儿选材、装饰头饰的情况，重点教会他们粘贴小动物胡子的方法，指导他们给头饰系上松紧带，提议让完成制作的小班幼儿戴上头饰并按音乐做律动操。

（五）活动评价

（1）教师组织小班幼儿互相观赏彼此的头饰，请2~3名小班幼儿说说谁的头饰最可爱，原因是什么。

（2）教师指导小班幼儿欣赏1~2件作品，分析如何选用圆的几何形状构成有趣、可爱的小动物形象，如何搭配色彩更协调，怎样把毛线类材料粘得更稳，从而体现出圆的几何形状的造型美。

（3）教师引导小班幼儿掌握动脑、动手制作的能力。

（4）小班幼儿戴上头饰参加联欢会，结束活动。

二、中班布工模拟课——《我们的小手》

（一）活动目标

（1）引导中班幼儿尝试用手偶进行表演，让其用语言展示手偶的肢体动作。

（2）让中班幼儿体验与同伴一起游戏的快乐。

（二）活动重点和难点

（1）重点：让中班幼儿利用手的特点让手偶"动起来""会说话"。

（2）难点：让中班幼儿动手制作手偶。

（三）活动准备

（1）课前准备：若干手偶。

（2）教具准备：儿歌《找朋友》。

（四）活动过程

1. 教师介绍手偶

（1）教师："今天老师带来了许多玩具，看看它们分别是谁？我们一起来认识一下吧！"

（2）教师："这些玩具有着共同的名字——手偶。这些手偶的身体软软的，它们只能躺着，不会说话，也不会动。手偶也想和我们小朋友一样会说话，会表演，它们想找一个喜欢自己的朋友，你们可以帮助它们吗？"

2. 中班幼儿尝试动手制作手偶

制作过程（图2-187—图2-190）：

步骤一：在教师的帮助下中班幼儿先画出小动物的形象并将其剪下来。

图2-187　步骤一

步骤二：准备正反两个小动物的主体形象。

图 2-188　步骤二

步骤三：将正反两个小动物的主体形象及细节部分逐一缝制成型。

步骤三（1）

步骤三（2）

步骤三（3）

图 2-189　步骤三

步骤四：完成制作，展示作品。

步骤四（1）

步骤四（2）

图 2-190　步骤四

3. 教师引导中班幼儿尝试操作手偶

（1）教师请每名中班幼儿选择一个自己喜欢的手偶并试一试怎样使它动起来。

（2）教师请一名中班幼儿在全体幼儿面前介绍手偶的操作方式。

（3）教师演示手偶正确的操作方式，尝试用手偶表演儿歌或小故事。（图2-191）

图2-191　教师演示

（五）活动评价

（1）教师请2~3名中班幼儿戴着手偶进行自我介绍，锻炼他们的胆量，增强他们的自信心。（图2-192）

图2-192　中班幼儿自我介绍

（2）教师再请2~3名中班幼儿带着自己喜欢的手偶表演儿歌或小故事，让他们动手、动脑，进一步锻炼身体的协调性。（图2-193）

图2-193　中班幼儿表演故事

三、大班布工模拟课——《布贴画》

（一）活动目标

（1）帮助大班幼儿了解布贴画的传承文化。

（2）帮助大班幼儿了解布贴画的制作方法和步骤。

（3）引导大班幼儿利用简单的配色、构图方案制作布贴画，体会其中的乐趣。

（二）活动重点和难点

（1）重点：让大班幼儿制作布贴画。

（2）难点：让大班幼儿灵活运用各种装饰材料并丰富布贴画作品。

（三）活动准备

（1）教具准备：多种风景图片素材，以供大班幼儿欣赏。

（2）操作材料准备：各色不织布、双面胶、剪刀、卡纸。

（四）活动过程

1. 教师导入

教师拿出布贴画作品进行展示，引导大班幼儿对它们进行观察。

2. 教师介绍布贴画

教师介绍布贴画的传承文化，演示其制作方法和步骤，简单讲述其构图及色彩搭配。

3. 大班幼儿制作布贴画

教师："刚才我们学习了布贴画的相关知识，现在我们一起来试试看吧！"

大班幼儿动手制作布贴画，教师从旁予以指导。

（五）活动评价

（1）教师请大班幼儿展示自己的作品。

（2）教师鼓励大班幼儿积极发言，让他们大胆讲述自己的制作方法。

思考与实践

（1）根据不同材质布料的特点，设计制作一幅布艺装饰作品。

（2）根据布贴画的设计制作方法，运用不同的材料制作出不同的布贴画作品。

（3）思考布贴画、盘花在幼儿园教学及环境创设中的应用。

（4）根据盘花的制作方法，设计制作一组盘花作品。

（5）运用所学知识点设计制作一幅布嵌画作品（人物、风景、动物、花卉等均可）。

（6）观察花卉并依据设计制作一束布艺花卉。

（7）根据所学知识点，依据动画片中的卡通形象设计制作一个手偶或者指偶。

（8）设计制作一副卡通面具。

（9）设计制作一件布艺玩教具并运用到幼儿园实践活动中。

（10）综合运用所学布艺技法装饰教室环境。

第三章 揉揉捏捏——泥工

第一节 泥的分类及介绍

在上泥工课之前,教师要先对泥的分类和特性有所了解,这样才能根据实际情况选择最为合适的泥工材料,下面我们介绍一些较为常见的泥工材料。

泥可以分为自然泥和人造泥两大类。自然泥是指从各种泥矿中挖掘出土,加工炼制而成的泥。这类泥的价格与其纯度和精细度有关,主要代表有瓷泥、陶泥等。

瓷泥(图3-1)主要由高岭土矿提炼而成,颜色多为米白或浅灰色,无异味,质地细腻柔软,可塑性强,有较好的延展性。瓷泥塑形后沥干水分,需要进行1 300 ℃左右的高温烧制,方可成瓷。

图3-1 瓷泥

陶泥(图3-2)有很多分类,较为常见的有灰陶泥、红陶泥、黑陶泥等,其中最有名的是紫砂泥。陶泥颜色较为丰富,这是由于每种陶泥中所含的矿物成分不同。陶泥比瓷泥中的杂质多,质地更为柔软,可塑性和延展性比瓷泥略差,烧制温度一般为1 200 ℃左右。

人造泥是指用各种材料人工合成制造出来的、具有可塑性的泥状材料。人造泥有很多,较为常见的有软陶、超轻黏土、橡皮泥、油泥、石塑黏土等。

图3-2 陶泥

软陶(图3-3)是一种人工的低温聚合黏土,主要特点是延展性强,可塑性高,色彩丰富,制作工艺简单,只需在塑形后用烤箱或其他方式低温加热即可定型。

超轻黏土(图3-4)是一种新型的可塑黏土,主要特点是重量轻,是普通黏土的四分之一,质地柔软,容易塑形,不易开裂,色彩艳丽,适合年龄较小的幼儿揉捏塑形。

图3-3 软陶

橡皮泥(图3-5)质地较软,表面光滑,适合以各种模具和配套的机器进行制作,诸如蛋糕模具、面条机、冰激凌机等。它不会与模具粘连,且容易脱模,但容易风干、开裂,应注意保持湿润。

图 3-4　超轻黏土

图 3-5　橡皮泥

油泥（图 3-6）是一种以石蜡为主材的油性黏土，质地细腻，可塑性极强，黏结性强，不易收缩，主要用于制作各种模型原型和工业设计模型。油泥主要分为软油泥、中硬油泥、硬油泥等。软油泥在常温状态下可以塑形，加热后会变成液体，可以进行灌膜；中硬油泥和硬油泥需要加热软化后方可塑形，冷却后会恢复原有硬度。

图 3-6　油　泥

石塑黏土（图 3-7）具有良好的延展性，纹理细腻，干燥过程中会收缩，干燥后有一定的强度，吸色能力强，可用多种颜料进行上色处理，一般用于手工制作。

图 3-7　石塑黏土

思考与实践

在幼儿园中，如果教师要给托班或小班的孩子讲授泥工课，应该如何选择材料？是否有什么可以替代的、安全的材料？

提示：在幼儿园中，教师为幼儿选择泥工材料应注重安全性，在给年龄较小的幼儿使用时，可以用面粉加水揉制成面团，还可以在面团中加入食用色素使其色彩更为丰富。

第二节 泥的加工技法

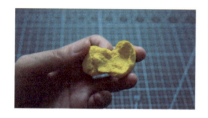

图3-8 超轻黏土太干

图3-9 超轻黏土太湿

图3-10 抟

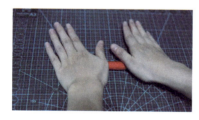

图3-11 搓

图3-12 切

在上泥工课之前，教师要对手中的泥有一个基本的了解。以超轻黏土为例，取出一块进行揉捏，如果经过几次揉捏后，其表面出现裂纹，说明它太干了，这时应把它放入一个密封容器中并加入少许水，或在它的表面用湿毛巾敷上一段时间后，再进行揉捏，使水分与超轻黏土混合均匀（图3-8）；如果在揉捏过程中，超轻黏土粘在手上，说明它太湿了，这时可以让它在空气中静置一段时间，使它本身的水分减少，再进行制作（图3-9）。

泥的加工技法有很多，这里主要列举一些简单实用的技法。由于每种技法做出的造型各不相同，因此在制作过程中应根据实际制作需要运用相应的技法。

（1）抟：这是泥工制作中最简单、最常用的技法之一。抟是指用手掌把泥揉搓成球形。（图3-10）

操作要领：建议将泥放在手掌中，两只手手心相对，用力揉匀，沿一个方向转动。泥球越大，难度越大。抟好的泥球必须表面光滑、无皲裂和褶皱，形状近似球形。

提示：在制作时，我们可以用双手操作，如果对作品要求较高，也可以用塑料片代替手，这样抟出的泥球表面更为光滑，不会出现掌纹。

（2）搓：用手掌把泥搓成圆柱形的泥条。（图3-11）

操作要领：建议用掌心搓制泥条，在制作时，需要把握好力度，使泥条粗细均匀、不易断裂。

提示：如果用手指搓泥会产生粗细相间的泥条，这可以满足制作时的特殊要求。

（3）切：用泥塑刀将泥块切割成小块。（图3-12）

操作要领：建议用于切割的泥块不能太干，切割时用力应均匀，可以前后移动泥塑刀，避免泥块粘在刀上。

提示：如果需要将泥切成几个大小相等的形状，可以先将泥搓成泥条，再切成间距相等的小泥段，然后进行捏制。

（4）拧：把泥顺着一个方向旋转，做成类似麻花的形状。（图3-13）

操作要领：建议在拧泥条的时候控制好力度，如果旋转的角度太大，可能看不出拧的效果；如果旋转的角度太小，泥容易断裂。

提示：如果把多根泥条放在一起拧，会呈现出特殊的效果。

图3-13 拧

（5）擀：用圆柱形工具将泥片压成厚薄均匀的泥片。（图3-14）

操作要领：建议在擀泥片时注意在泥片底部放置衬布，避免泥片与桌面粘在一起。泥片的两边可以放置两块厚度相当的木条或其他代替物，这样擀出的泥片厚度均匀。

提示：在擀泥片时应把握其厚度与干湿度，这样才能使泥片具有一定的黏性与硬度，不会在制作中变形。

图3-14 擀

（6）压：用手把泥压成扁状或碗状。（图3-15）

操作要领：建议在按压泥团时用力均匀，根据需要控制手的力度，压出的形状要厚薄均匀，泥的表面应平整光滑。

提示：压泥团时，可以多次按压，便于调整和控制泥的形状，切勿用力过猛。

图3-15 压

（7）戳、划：用手或工具在泥的表面留下痕迹。（图3-16、图3-17）

操作要领：建议在制作时控制好力度，使做出的泥痕深浅一致，且泥痕之间的间距要根据需要做出调整，以达到最佳效果。

提示：这一技法可以增加泥的肌理，使泥更有装饰性。戳出的形状一般为点状，划出的形状多为线状。

图3-16 戳

图3-17 划

（8）印：既可以利用模具成型，把泥放进模具里压实成型，又可以把表面有肌理的物体在泥的表面压印，使泥的表面呈现肌理效果，这种方法多用于陶瓷制作。（图2-18）

操作要领：建议在制作时把握好泥的干湿程度，太

图3-18 印

图 3-19 贴

图 3-20 剪

图 3-21 接

图 3-22 捏

湿不易于脱模，太干不易于成型。

提示：橡皮泥比较适用于模具成型，容易脱模，超轻黏土压印后可在模具里放置一段时间，在泥有一定硬度后再进行脱模。

（9）贴：把小块的泥粘到大块的泥上。（图 3-19）

操作要领：建议在制作时注意把握泥的厚度和湿度，随着湿度的减少，泥的黏性会变差。

提示：在制作复杂的形体时，可以先把泥放置一段时间，在泥具有一定硬度后，再用手工胶水进行粘贴。

（10）剪：用剪刀剪出所需形状的泥片。这一技法可以得到形状较为复杂的泥片。（图 3-20）

操作要领：建议在纸上画出或打印出需要的图案，将纸片放在擀制好的泥片上，沿着图案的轮廓进行剪裁，即可得到相应图形的泥片。

提示：用来剪的泥片不宜过厚，擀制好的泥片可先在空气中放置一段时间，在泥有了一定硬度后，再进行剪裁，这样不易变形。

（11）接：把两块或多块泥连接起来。（图 3-21）

操作要领：建议将泥保持湿润状态，它可以自带黏性，只要将两块或多块泥放在一起，轻轻按压结合面即可。对于较干的泥可以用手工胶水进行粘贴。

提示：粘贴接触面较小的部位时，可以在其中插入小木棍、牙签、塑料棒等来增加其牢固度。

（12）捏：双手配合，根据需要捏出相应的造型。（图3-22）

操作要领：建议在捏制前对制作的造型有明确的认识，捏制时明确步骤，通过手指的配合一点点捏出相应的形状。

提示：在捏制过程中，一些较为细小的地方可以用工具进行配合，完成造型。

思考与实践

除了所学技法以外，还有哪些技法可以用于泥工制作？

提示：纸编造型可以用于泥工制作，将会产生意想不到的效果。

第三节 泥的装饰技法

一、彩绘装饰

彩绘装饰从新石器时代就已经出现，陶瓷彩绘的原料主要为矿石粉末，现代陶瓷彩绘比较有代表性的是无锡惠山泥人（图3-23）。无锡惠山泥人造型简练、夸张，始于明朝洪武年间，至今已有600多年的历史。制作的内容主要是叠罗汉、小寿星等人物造型，以及鸡、狗等动物造型。无锡惠山泥人主要通过在泥坯上绘制准确精练的线条和鲜艳华丽的颜色，以达到装饰效果，一般可以概括为"三分坯，七分绘"。

图3-23　无锡惠山泥人

彩绘装饰是最常见的装饰方法之一，是用毛笔蘸上颜料在晾干的泥上画出需要的图案（图3-24）。

（1）除了颜料以外，还可以将色粉条磨成细粉，用干毛笔刷上细粉，在泥上轻松画出晕染的效果。

（2）如果在陶泥上进行彩绘，需要待泥坯干透后再进行绘制。绘制时，颜料中不宜加太多水。

图3-24　彩绘装饰技法

（3）颜料涂完后，可以用亮光油涂抹在泥的表面，这样既可以保护颜料不易脱落，又可以形成特定的光感。

二、绞胎装饰

绞胎装饰（图3-25）是一种陶瓷的装饰方法，是指把颜色深浅不同的泥混合在一起，有意保留混合泥中不均匀的花纹，制成新的泥料待用，或直接拉坯成型，或切成片状用于镶嵌等工艺。在日常生活中，用这种花纹制作器具，可以呈现出颜色流动的装饰效果。其他泥也可以用这种装饰方法进行装饰，诸如超轻黏土等。

图3-25　绞胎装饰

（1）方法一：制作步骤。（图3-26—图3-29）

步骤一：将两种不同颜色的泥揉匀并擀成泥片。

图 3-26　步骤一

图 3-27　步骤二

步骤二：将不同颜色的泥片叠加起来，直至形成一定的厚度。

步骤三：将泥层翻转至侧面，用割线进行切割。

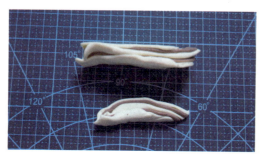

图 3-28　步骤三

图 3-29　步骤四

步骤四：将切割后的泥层擀制成厚薄均匀的泥片，形成喜欢的花纹，最后运用泥片成型的方法完成造型的制作。

（2）方法二：制作步骤。（图3-30—图3-33）

步骤一：选出两种颜色不同的泥揉匀并捧成球状。

图 3-30　步骤一

图 3-31　步骤二

步骤二：将两个泥球叠放在一起并旋转拉伸。

步骤三：反复多次揉捏，直至出现多种颜色相间的花纹。

图 3-32 步骤三

图 3-33 步骤四

步骤四：保留花纹，完成杯子的塑形，展示作品。

三、釉装饰五大名窑

釉装饰是利用釉料对陶瓷进行装饰的方法，它可以结合彩绘、绞胎等方法装饰造型。

釉的种类很多，分类复杂。根据烧成温度的不同，可以分为低温釉、中温釉和高温釉；根据上釉层数的不同，可以分为单层釉和双层釉（制作工序为先涂底釉，再涂面釉）；根据釉料成分的不同，可以分为青釉、铅釉、石灰釉等。

宋代有五大名窑，分别为定窑、哥窑、官窑、汝窑、钧窑。这五大窑烧制的瓷器釉彩各具特色，形成了独特的艺术效果。

定窑（图3-34）以烧白瓷为主，胎薄而轻，质坚硬，色洁白，装饰纹样有刻花、划花、印花三种。

图 3-34 定 窑

图 3-35 哥 窑

"金丝铁线"是哥窑（图3-35）的典型特征。由于它的开片大小和深浅层次不同，胎体露出的部位因氧化或受污染程度不尽相同，致使开片纹路呈色不一。哥窑瓷器釉面的大开片纹路呈铁黑色，称"铁线"；小开片纹路呈金黄色，称"金丝"。"金丝铁线"使平静的釉面产生韵律美。

官窑（图3-36）瓷器主要为素面，既无华美的雕饰，又无艳丽的涂绘，常用凹凸直棱和弦纹为饰。其胎色铁黑，釉色粉青，"紫口铁足"增添了古朴典雅之美。

汝窑（图3-37）主要以烧青釉为主，釉色青而润泽，因其胎体较薄，釉层较厚，烧制出的器物有玉石般的质感。

钧窑（图3-38）器皿的釉色比较丰富，五彩缤纷，艳丽绝伦。诸如玫瑰紫、海棠红、茄皮紫、葱翠青、天蓝、米色、月白等，宛如天边的晚霞。

图3-36 官窑

图3-37 汝窑

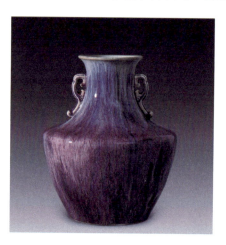

图3-38 钧窑

图3-39 结晶花釉

随着陶瓷工艺的发展，如今出现了很多新的釉彩，诸如金属釉、结晶花釉（图3-39）等。每种釉的装饰效果必须与其造型相结合，方能呈现出最好的效果。

四、综合装饰

综合装饰是指运用多种方法装饰泥工作品。在《泥娃娃》（图3-40）这一作品中运用了镶嵌、彩绘、绞胎等多种装饰方法。综合装饰必须根据作品的需要来选择合适的方法，不能生搬硬套，而要灵活应用，积极尝试。

（1）废旧衣服上的蕾丝花边、闪片珠子等可以收集起来用于泥工制作。

（2）作品晾干后可涂上一层薄薄的白乳胶，等胶干透后会出现抛光的效果。

图3-40 泥娃娃

第四节 泥的平面造型

泥的平面造型是指在泥片或泥板的表面进行的造型。我们既可以通过印刻增加质感，又可以通过制作半立体的造型使它更有层次感。装饰的方法主要包括贴塑法和印刻法。这两种技法在造型时一般结合起来使用。

一、贴塑法

贴塑法是指在泥片的表面贴上立体装饰的方法，诸如泥条、泥点、泥片等。它可以分为堆贴、捏贴等。在日常生活中，我们既可以捏塑出半立体的动物、植物、人物的造型对它们进行装饰，又可以先在泥片上印刻一些图案或纹理，再将泥片贴到造型需要的地方。

二、印刻法

印刻法是指通过拍印、模印等方式在泥的表面留下肌理和图案的方法。在新石器时代的陶器上发现有绳纹、席纹、织纹等纹理（图3-41）。这种装饰方法一直沿用至今。如今，在现代陶艺的创作中也有许多用纹理装饰的作品用到了印刻法（图3-42）。

图3-41 陶器纹理

图3-42 纹理装饰作品

三、泥浮雕的制作步骤（图3-43—图3-49）

步骤一：取出所需的颜料，将它与泥混合，用擀泥棍将泥擀成厚薄均匀的泥片。

步骤二：将擀好的泥片粘贴在底板上。

图3-43 步骤一

图3-44 步骤二

步骤三：另取一块泥，将其捵成球状慢慢按压，用刻刀将它刻成鲸鱼的形状。制作时，可以用剪刀修剪，使造型的线条更加柔和。

步骤四：做出鲸鱼身上的装饰花纹。

图3-45 步骤三

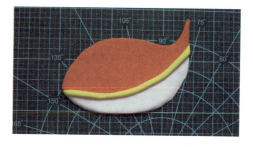

图3-46 步骤四

步骤五：将鲸鱼放置在底板上，用手轻轻按压，使其与底板贴合，完成造型。

步骤六：制作房子时，注意颜色的搭配与配比。

图3-47 步骤五

图3-48 步骤六

步骤七：制作草地时，用牙签或其他工具在泥上做出肌理。观察整体效果，可以在空余的地方制作些小的装饰物。完成制作，展示作品。

图 3-49　步骤七

四、泥浮雕作品欣赏（图 3-50—图 3-52）

图 3-50　森林的动物们

图 3-51　花样女孩

图 3-52　星　空

思考与实践

你身边有哪些物品可以用印刻法制作出独特的肌理效果？请你选用一件物品印刻肌理并将它运用到你的作品中。

提示：可以利用核桃、花生等坚果的外壳印刻肌理。

第五节 泥的半立体造型

泥的半立体造型是介于平面和立体之间的一种装饰造型。画像砖就是典型的泥的半立体造型。画像砖大多用于装饰墓葬，这一艺术形式最早出现在战国晚期，且一直延续到宋元时期。画像砖以它独特的艺术形式记录着人间百态和历史变迁。

一、题材

画像砖的题材多样，出土的约有50种，大致可以分为以下这几类。

（1）神话题材。诸如神话中的人物及瑞兽。（图3-53）

图3-53 西王母

图3-54 射箭

（2）历史传说。诸如大禹治水等神话传说。
（3）花草、动物。诸如荷花、鹿、鱼等。
（4）生活场景。诸如农耕、骑射等。（图3-54）
（5）墓主人的生平。诸如墓主人生前的经历等。
（6）宗教题材。诸如佛教中的朝拜等。
（7）图案纹样。诸如云纹等各种传统的图案纹样。

二、地区特色

四川是出土画像砖最为集中的地区之一，以成都西北平原一带出土的画像砖最为精美，主要包括三种规格：一种是正方形砖，这种砖的浮雕起位较低，线面相间，细节刻画精致，强调动态造型，是四川地区画像砖的典型代表（图3-55）；一种是长方形砖，这种砖的浮雕起位较高，立体感强（图3-56）；还有一种是条形砖，这种砖大多有彩绘，每块砖的画面都是独立完整的，比较接近于绘画（图3-57）。

图3-55 马 车

图3-56 战 马

图3-57 千秋万岁图

河南地区的画像砖，一般是多块或多组砖，依据一定的排列方式组合成一个较大的复合画面，具有一定的创作随机性和装饰性（图3-58）。

图3-58 乐 师

三、制作工艺

画像砖多为建筑用砖，常见的形状有长方形、正方形，后期也出现了空心砖（图3-59）和凹槽砖。随着建筑技术的发展，其品种逐步增多，相继出现了曲尺形砖、子母砖等多种形式。

实心砖的制作较为简单，均由模具制成，大多一次成型。先准备好木质的模具，再将准备好的泥饼印到模具中，然后翻倒脱模。空心砖制作工艺较为复杂，主要分为雕刻模具、选土练泥、制作泥坯、印制花纹四个环节。

图3-59 空心砖

四、装饰方法

画像砖是一种雕塑作品，同时也属于绘画的范畴。它的分布较广，风格差异较大。一般来说，常见的装饰方法有以下几类。

（1）浅浮雕：主要是指所雕刻的图案和花纹浅浅地凸出底面的刻法。这是画像砖的主要装饰手法之一。画像砖用同一个模具连续印制，排列规整有序，例如，郑州出土的画像砖就是比较典型的浅浮雕作品。

（2）高浮雕：主要是指所雕刻的图案和花纹高高地凸出底面的刻法。这种浮雕一般凹凸感较强，非常具有立体感，一般每块砖面为单独的图案，主题突出。

（3）阴刻：主要是指用下凹的阴线勾画出物体形象的刻法。以洛阳出土的画像砖为代表。这种装饰方法线条自然流畅，且富有活力。（图3-60）

（4）阳刻：主要是指在平面上用各种凸出的阳线进行装饰的刻法。这种装饰方法要求线条粗细适当，曲直有度。制作时，对模印的要求较高。

图3-60 阴刻

第六节 泥的立体造型

泥的立体造型形式多样、种类繁多，它的成型方法主要分为手工成型和模具成型两大类。手工成型又分为泥条、泥片、捏塑、拉坯四类，模具成型是先用石膏等材料铸出外模，再用泥片进行印制或用泥浆注浆成型。由于模具铸造的过程较为复杂，且印坯和注浆有较高的技术要求，因而本节将主要介绍手工成型的几种方式，同时手工成型具有灵活性和创造性等特点，有利于学前教育教学工作的开展。

一、泥条盘筑成型

泥条盘筑成型是人类最早使用的陶瓷成型方法之一，新石器时代的瓷器较多采用这一方法。泥条盘筑成型可以制作出形状各异的造型，且造型的表面既可以保留泥条的痕迹，又可以用工具将表面打磨光滑。例如，右图中的陶器表面光滑，但是从底部可以看出泥条盘筑的痕迹（图3-61）。

图3-61 陶器

泥条盘筑成型的方法是先用手搓出若干粗细一致的泥条，再将泥条一条一条盘筑起来，最后形成一个造型。制作泥条时，需要根据造型的大小把握泥条的粗细，泥条的粗细决定着作品的厚度，太细容易坍塌，太粗显得不够精致。

1. 泥条盘筑成型常用的工具

（1）擀泥棍：用于制作造型底部的泥片。（图3-62）

（2）泥工刀：用于在底部划出需要的形状。（图3-63）

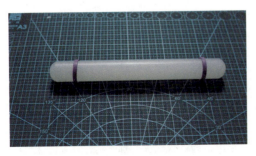

图3-62 擀泥棍

图3-63 泥工刀

（3）垫板：用于放置泥片，防止它粘在桌子上。（图3-64）

图3-64 垫 板

2. 泥条盘筑成型的制作步骤（图3-65—图3-72）

步骤一：选择颜色合适的泥进行揉捏，使泥保持适宜的干湿度，便于制作。

步骤二：先用擀泥棍擀出一块厚薄适中的泥片，用于做底板，再将泥片放在垫板上并防止它粘在桌子上。

步骤三：在擀好的泥片上，先用泥工刀或其他工具裁剪出需要的形状，再把多余的泥取走。

步骤四：选择一个盒子或者纸杯作为模具。

步骤五：将擀制好的底板黏到盒子的底部，用泥工刀切除多余的泥。

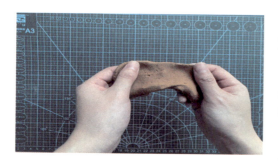

图3-65 步骤一

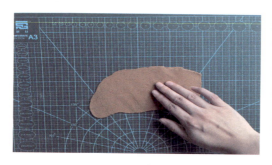

图3-66 步骤二

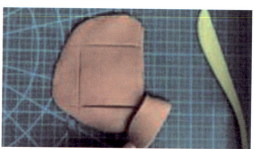

图3-67 步骤三

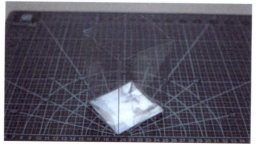

图3-68 步骤四

图3-69 步骤五

步骤六：将搓好的泥条沿盒子或者纸杯绕一圈后，再把泥条剪断，重新拿一根泥条盘筑。在盘筑泥条时，注意轻轻按压，使其紧密贴合，不留间距。

步骤七：分多次完成泥条盘筑，注意保持泥条的粗细均匀。

步骤八：泥条盘筑完成后，在上面用贴塑法黏上一些装饰，完成制作，展示作品。

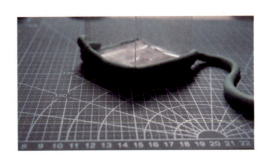

图 3-70　步骤六

图 3-71　步骤七

图 3-72　步骤八

3. 泥条盘筑成型的制作技巧

（1）擀泥棍可用其他圆柱形的物体代替，诸如废旧的塑料瓶等。

（2）盘筑泥条需要多道工序制作方可完成。在盘筑泥条时，一般先从底部开始，待盘筑到一定高度后再将底部晾干并有一定硬度后才可继续制作，否则作品容易变形。

4. 泥条盘筑成型的作品欣赏（图3-73—图3-76）

图 3-73　泥条小象

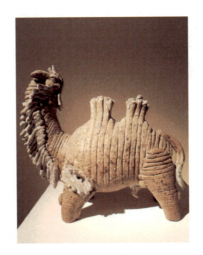

图 3-74　泥条骆驼

图 3-75　泥条小人　　图 3-76　泥条瓶子

二、泥片（泥板）成型

泥片造型是一种常见的造型方法，它是利用泥片之间的拼接及泥片扭曲后的曲线来制作丰富的造型。制作时，可以在造型上添加各种装饰，使整个作品更为灵活、生动。泥板造型适用于制作较大且规整的作品，诸如正方形、菱形造型等。

1. 泥片成型常用的工具

（1）擀泥棍：用于制作泥片。

（2）定型条：将两根厚度一致的小木条放置在擀泥棍的两侧，擀制出的泥片厚度即为小木条的厚度。（图 3-77）

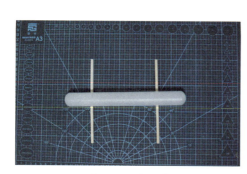

图 3-77　定型条

（3）泥工刀：用于切割泥片。

（4）垫板：一般放在泥片底部，方便泥片的拿取。

2. 泥片成型的制作步骤（图 3-78—图 3-84）

步骤一：将选择好的泥放在垫板上，用模具按压出圆形的泥块。

步骤二：用手将泥块按压成扁平状。

步骤三：用擀泥棍从泥块的中间开始向两边擀压，做成厚薄一致的泥片。

步骤四：泥片擀制好后，可根据需要将其裁剪成相应的形状。

步骤五：由于泥片需要垂直黏接，因而先将做好的若干泥片放置一段时间，使其具有一定的硬度后，再进行下一阶段的制作。

图 3-78　步骤一

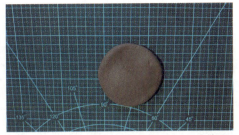
图 3-79　步骤二

图 3-80　步骤三

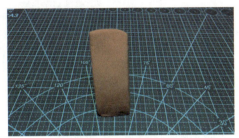
图 3-81　步骤四

图 3-82　步骤五

图 3-83　步骤六

步骤六：在拼接泥片时，如果泥片太干，可以用水局部润湿泥片，便于黏接，也可以用白乳胶进行黏接。

步骤七：在造型的表面用泥做些装饰，使作品更为美观。完成制作，展示作品。

3. 泥片成型的制作技巧

（1）泥片擀制好后，如果是用于拼接类似正方形一类的造型，可以将泥片的边缘用小刀裁成 45°，这样在泥片拼接完成后可以使造型更为规整，接缝更为整齐。

图 3-84　步骤七

（2）泥片成型需要等泥片有一定硬度后进行，否则泥片容易变形。

（3）泥片的形状可以事先打印在纸上，将纸放在泥片上，按照纸上的图案裁剪泥片。

4. 泥片成型的作品欣赏（图3-85—图3-91）

图3-85 泥 人

图3-86 泥 雕

图3-87 泥娃娃

图3-88 荷花泥塑

图3-89 现代陶艺

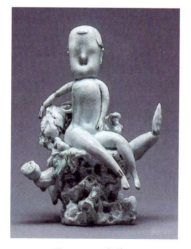
图3-90 采莲人

图3-91 莲花碗

三、捏塑成型

捏塑成型是指用手或工具对泥进行捏、按、挤、抹等操作，使泥成型。它一般将作品分为几个小部分，分别捏制后再进行组合。这种成型方法需要制作者的手指灵活配合，通过手部动作直接塑造形体，对泥的可塑性、延展性有一定的认识。

1. 捏塑成型常用的工具

（1）泥工刀：用于制作一些精细的部分。
（2）剪刀：用于裁剪泥料。
（3）画笔、颜料：用于绘图上色。

2. 捏塑成型的制作步骤（图 3-92—图3-99)

步骤一：选取适量颜色合适的泥，抟成球状。
步骤二：将泥球轻轻按压，做成螃蟹的身体。

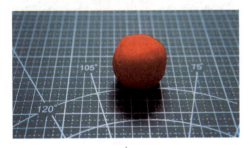
图 3-92　步骤一

图 3-93　步骤二

步骤三：另取一块泥搓成泥条，将它切成若干段，用于制作螃蟹的腿。

步骤四：将切好的泥段搓成圆锥状，将其粘贴在螃蟹的身体上。

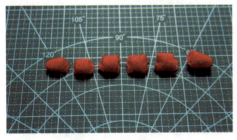
图 3-94　步骤三

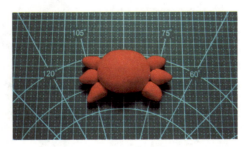
图 3-95　步骤四

步骤五：另取一块泥抟成球状，先用剪刀剪开一个小口子，将它捏成螃蟹的一只大螯，再按照相同的方法，制作螃蟹的另一只大螯。

步骤六：将螃蟹的两只大螯粘贴在它的身体上。

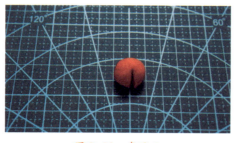

图 3-96　步骤五

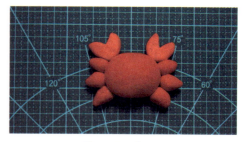

图 3-97　步骤六

步骤七：制作出螃蟹的眼睛。

步骤八：将螃蟹的眼睛粘贴在它的身体上，完成制作，展示作品。

图 3-98　步骤七

图 3-99　步骤八

3. 捏塑成型的制作技巧

（1）制作时，不要拘泥于动物本来的颜色，尝试一些新奇的色彩搭配，可能会产生意想不到的效果。

图 3-100　螃蟹冰箱贴

（2）在螃蟹的肚子上嵌入一个小吸铁石，将其变成可爱的冰箱贴（图 3-100）。

4. 捏塑成型的作品欣赏（图 3-101—图 3-117）

图 3-101　卡通少女

图 3-102　卡通蛋糕

图 3-103　企鹅家族

图 3-104　面点和甜点

图 3-105　路飞和乔巴

图 3-106　奶牛蛋糕

图 3-107　小魔女

图 3-108　水冰月

图 3-109 时尚沙发

图 3-110 卡通少女

图 3-111 葫芦娃

图 3-112 圣诞老人

图 3-113 鸣 人

图 3-114 卡通女孩

图 3-115 卡通玩偶

图 3-116 海底世界

图 3-117 老爷车

四、拉坯成型

拉坯成型是利用拉坯机的转动和手的按压、外拉、内拢、提拉等动作制作成型的方法。这是制作陶瓷的常见成型方法，一般用于制作圆形的器物，诸如杯子、花瓶等。这种成型方法有较大的难度，对匠人的手臂、肩、腰的力量都有要求，因此在陶瓷作坊里拉坯的匠人多为男性。这是一种需要反复练习方能掌握的成型方法，在此只做简单介绍。

1. 拉坯成型常用的工具

（1）水桶：用于盛水，确保在拉坯过程中双手保持一定的湿度。

（2）割线：用于将拉好的泥坯从转盘上取下。（图3-118）

图 3-118 割　线

图 3-119 拉坯机

（3）海绵：用于抛光泥坯。

（4）拉坯机：用于进行转速较高的拉坯工作。（图3-119）

2. 拉坯成型的制作步骤（图3-120—图3-124）

步骤一：揉泥。将泥中的空气揉出。

步骤二：捧泥。把泥固定在转盘上。

图 3-120　步骤一　　　　　图 3-121　步骤二

步骤三：开泥和拉高。将泥捧正后开始拉坯，手指向下，慢慢均匀地将泥往上拔高，反复多次即可。

步骤四：收口。拉出大致形状后慢慢收口。

图 3-122　步骤三　　　　图 3-123　步骤四　　　　图 3-124　步骤五

步骤五：修正和磨光。用割线取下泥坯，完成制作，展示作品。

3. 拉坯成型的作品欣赏（图3-125—图3-128）

图 3-125　泥　罐　　图 3-126　泥　碗　　图 3-127　窄口泥瓶　　图 3-128　宽口泥瓶

五、模具成型

模具成型一般用于制作形体较为复杂的作品，诸如玩偶、茶具、花瓶等。其中，制作模具的技术要求较高，且步骤烦琐。模具制作完成后，还需要进行铸模并在上面进行修整加工，方可完成作品。

1. 模具成型的制作步骤（图3-129—图3-135）

步骤一：准备模具。

步骤二：双手揉泥，使泥表面光滑、无褶皱，且干湿度适宜。

步骤三：将泥放入模具中均匀按压，使泥与模具贴合。

步骤四：放置一段时间后，将模具内的泥取出。

步骤五：制作泥娃娃的头部，注意刻画细节。

图3-129　步骤一

图3-130　步骤二

图3-131　步骤三

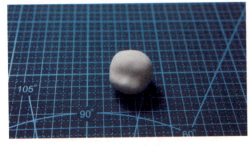
图3-132　步骤四

图3-133　步骤五

步骤六：制作泥娃娃的身体和手。

步骤七：整理造型，完成制作，展示作品。

图 3-134　步骤六

图 3-135　步骤七

2. 模具成型的制作技巧

（1）捏制一些体积较大的物体，例如，在捏人物的头部时，可以在泥中包裹泡沫球，以此来减少头部的重量，便于成型。

（2）捏超轻黏土时，容易产生纹理，可以使用塑料片代替手来抟球和搓泥条。（图 3-136）

图 3-136　利用塑料片抟球

思考与实践

如果让你为幼儿园小朋友制作一座漂亮的城堡，你会用什么样的成型方法呢？

提示：建议使用泥片成型的方法制作城堡。先用硬纸板做出城堡的造型，再将泥片贴在硬纸板上。这样制作的城堡更为坚固和美观。

第七节 幼儿园中泥工的运用

一、小班泥工模拟课——《小蜗牛》

(一) 活动目标

(1) 引导小班幼儿观察小蜗牛的颜色及形状特征。

(2) 让小班幼儿学会抟、捏、搓的泥工加工技法，完成小蜗牛泥塑作品。

(二) 活动重点和难点

(1) 重点：让小班幼儿掌握抟、捏、搓的泥工加工技法。

(2) 难点：指导小班幼儿完成小蜗牛泥塑作品并对其进行装饰。

(三) 活动准备

(1) 教具准备：课件、小蜗牛的照片等。

(2) 操作材料准备：泥工刀、橡皮泥、火柴棍等。

(四) 活动过程

(1) 教师引导小班幼儿观察小蜗牛的特征，激发小班幼儿的学习兴趣。

① 教师："小朋友们，你们知道小蜗牛长什么样子吗？"小班幼儿踊跃回答问题，教师从旁予以指导。

② 教师："大家说说看，为什么小蜗牛走得很慢？"小班幼儿依次发表自己的观点，教师予以点评。

(2) 教师出示小蜗牛泥塑作品的范例，激发小班幼儿的创作兴趣，使他们能准确说出小蜗牛的形体特征。

(3) 教师示范小蜗牛泥塑作品的制作方法。

① 先把橡皮泥放在手心上抟成球状，注意制作时要均匀揉搓橡皮泥，将其中的空气排出。

② 再在泥工板上将球状的橡皮泥搓成长条状，用于制作小蜗牛的壳。

③ 然后将搓好的橡皮泥条盘成小蜗牛的壳。

④ 接着另取一根泥条做成小蜗牛的身体，用火柴棍做小蜗牛的触角并插在相应的位置上。

⑤ 最后装饰小蜗牛的壳。制作完成，展示作品。

（4）教师引导小班幼儿观看小蜗牛的照片，让他们跟着自己一同来制作小蜗牛。

① 教师提醒小班幼儿将橡皮泥条搓得粗细均匀。

② 教师重点指导小班幼儿用橡皮泥条盘出小蜗牛的壳。

③ 教师帮助在制作上有困难的小班幼儿完成作品。

（5）教师引导小班幼儿依次把小蜗牛泥塑作品（图3-137）放到展示台上，让大家一同对作品进行评价。

（6）教师指导小班幼儿将自制的小蜗牛泥塑作品带回家给自己的父母欣赏。

图 3-137　小蜗牛泥塑作品

（五）活动指导

（1）在制作过程中，教师可以引导小班幼儿选取多种颜色的橡皮泥进行组合搭配。

（2）教师在小班幼儿做完小蜗牛泥塑作品后，给予他们一些花朵、小草之类的素材进行装饰。

二、中班泥工模拟课——《美丽的蝴蝶》

（一）活动目标

（1）引导中班幼儿观察蝴蝶的颜色和形状。

（2）帮助中班幼儿用超轻黏土捏出蝴蝶的形状并将它贴放在彩色卡纸上。

（二）活动重点和难点

重点：让中班幼儿观察蝴蝶的特征，使其学会蝴蝶泥贴画的制作方法。

难点：指导中班幼儿装饰蝴蝶泥贴画，使泥贴画具有一定的美感。

（三）活动准备

（1）教具准备：课件、儿歌《蝴蝶蝴蝶真美丽》、蝴蝶的照片等。

（2）操作材料准备：彩色卡纸、超轻黏土等。

（四）活动过程

（1）教师引导中班幼儿猜蝴蝶的名称，激发中班幼儿的学习兴趣。

① 教师播放课件，引入课程内容。

② 教师播放儿歌《蝴蝶蝴蝶真美丽》，让中班幼儿了解蝴蝶的特征。

（2）教师出示蝴蝶的照片，让中班幼儿观察蝴蝶的颜色和形状。

① 教师："小朋友们，你们看看照片上的蝴蝶长什么样？蝴蝶是什么颜色的，它的翅膀是什么形状的？"

中班幼儿踊跃回答问题，教师从旁予以指导。

② 教师："小朋友们，你们最喜欢照片中的哪只蝴蝶？为什么？"

中班幼儿依次发表自己的观点，教师从旁予以指导。

（3）教师总结蝴蝶的特征，帮助中班幼儿记住其特征。

（4）教师拿出超轻黏土，示范蝴蝶泥贴画的制作方法。

（5）教师引导中班幼儿捏出蝴蝶的形状并将其贴放在彩色卡纸上，又让中班幼儿给蝴蝶做些美丽的装饰。（图3-138）

图3-138　中班幼儿制作蝴蝶泥贴画

（6）中班幼儿开始制作蝴蝶泥贴画，教师从旁予以指导，帮助中班幼儿完成作品。

（7）教师让中班幼儿展示自己的作品并描述其特点。（图3-139、图3-140）

图3-139　男孩的作品　　图3-140　女孩的作品

（8）教师让中班幼儿展示自己的作品并将作品分享给自己的父母。

① 教师让中班幼儿把自己的作品贴在作品展示墙上并对其做些简单的装饰。

② 教师让中班幼儿与自己的父母分享作品并共同完成类似的作品。

（五）活动指导

（1）在制作时，教师可指导中班幼儿重点把握蝴蝶的特征。

（2）在对作品进行评价时，教师可鼓励中班幼儿谈谈自己制作时的感受。

（3）教师可根据本次课，引申出其他课程，诸如《花朵与蝴蝶》《蝴蝶成长记》等。

三、大班泥工模拟课——《神奇的海底世界》

（一）活动目标

（1）引导大班幼儿用超轻黏土制作出海底的动植物，展现海底的景色。

（2）让大班幼儿感受泥工制作的乐趣。

（二）活动重点和难点

重点：让大班幼儿观察海底的景色，用泥塑作品表现出来。

难点：指导大班幼儿制作海底动植物泥塑作品。

（三）活动准备

（1）教具准备：海底风景图片、海底动植物的照片。

（2）操作材料准备：超轻黏土、水彩笔。

（四）活动过程

（1）教师引导大班幼儿回忆海洋中的动植物。

① 教师："你们最喜欢海洋中的什么动植物呢？为什么？"

大班幼儿踊跃回答问题，教师从旁予以指导。

② 教师引导大班幼儿说出常见的海洋动植物，诸如海草、海龟等。

大班幼儿列举各种各样的海洋动植物并说出这些动植物的特征与生活习惯。

（2）教师出示海底动植物的照片，让大班幼儿说一说自己看到了哪些动植物并描述它们的特征。

（3）教师引导大班幼儿回答自己理想中的海底有哪些动植物并说明原因。

（4）教师示范用超轻黏土捏出小鱼、贝壳、海草等一些常见的海洋动植物并说出它们生活在大海的哪个位置。

（5）教师让大班幼儿制作海底的动植物并将它们粘贴在海底风景图片上。（图3-141）

图 3-141 海底动植物

（6）大班幼儿分享自己的作品并与同伴相互评价。

① 大班幼儿介绍自己的作品并谈一谈创作的感受。（图3-142）

② 大班幼儿互相评价对方的作品，选出自己最喜欢的一组作品并说明原因。

（7）教师让大班幼儿展示作品并将作品与自己的父母和朋友分享。

① 教师让大班幼儿把作品平铺在空地上晾干。

② 教师引导大班幼儿把晾干后的作品贴在展示墙上。

③ 大班幼儿与自己的父母和朋友分享作品。

图 3-142 大班幼儿介绍作品

(五)活动指导

(1) 在制作时,教师指导大班幼儿进行小组合作活动,明确分工,完成作品。(图 3-143、图 3-144)

(2) 在分享作品时,教师引导大班幼儿多谈一谈创作思路和创作感受。

图 3-143　海底乐园

图 3-144　海底风光

思考与实践

(1) 体验陶泥的制作过程,完成一件作品。

(2) 制作彩色面团,完成若干动物造型。

(3) 选择生活中的物品,诸如花生、核桃等,在泥片上印出有一定审美情趣的花纹。

(4) 参照无锡惠山泥人,用彩绘的方法完成一件泥人作品。

(5) 尝试用绞胎的装饰方法,完成一件作品。

(6) 用综合装饰的方法制作一组作品(不少于三个)。

(7) 尝试用黏土画的形式,完成一幅作品。

（8）参考画像砖中的装饰方法，完成一件泥塑半立体作品，题材自定。

（9）尝试用泥条盘筑成型的方法，完成一件作品。

（10）以泥为主要材料，完成一个幼儿园环境创设，主题自定。

第四章 包罗万象——综合材料

综合材料是指将两种或两种以上的材料同时运用于一件作品中。本单元所说的综合材料是在幼儿园的教育教学活动中所用的各类材料,其中重点要介绍的是对废旧的材料进行科学合理的利用与加工,运用丰富的想象力和多种艺术加工手段变废为宝,创造出独特的、适合幼儿的手工作品。(图4-1、图4-2)

图4-1 美人鱼

图4-2 灯

废旧材料是每个家庭在日常生活中常用的、可再生的、安全又卫生的废品,这些废品具有可塑性、易加工等特点,我们把这些废旧材料进行第二次设计,让这些废旧材料作为手工的综合材料,变废为宝。

生活中的废旧材料按照大小和性质划分,可以分为点状材料、线状材料、面状材料和块状材料。

幼儿园环境对幼儿的身心发展有着非常大的影响,如果把这些废旧材料应用于幼儿园的教育教学中,不仅可以快速取材、节约资金,还可以激发幼儿动手操作的兴趣,培养幼儿的环保意识。

第一节 点状材料

幼儿园里点状材料的运用，不仅要考虑材料的简单易得，还要考虑作品内容的趣味性。点状材料的设计运用要着眼于幼儿的欣赏角度与喜好，充分考虑幼儿的接受能力和制作能力。

点是造型元素之一，也是一切手工作品的基础。点状材料因材料的形状、色彩、质感的不同，每种材料给人的感觉也不同。如：圆形的材料，给人圆润柔顺、饱满的感觉；方形的材料给人坚实、稳定、有次序的感觉；不规则形状的材料给人活泼、敏捷、不稳定的感觉。利用点状材料进行手工制作时，不仅要充分考虑这些因素，还要根据作品的内容进行大小、疏密变化的处理。

1. 点状材料及其成型常用的工具材料

生活中的点状材料包罗万象，一切点状的、容易制作的材料都可以拿来使用。

（1）天然的点状材料：五谷种子、瓜子壳、沙子、小石子、蛋壳、贝壳等。

（2）人工的点状材料：瓶盖、纽扣、碎纸片、泡沫颗粒、珠子等。

（3）辅助工具材料：纸板、线绳、胶（白乳胶或万能胶）、颜料、镊子、剪刀等。

2. 点状材料成型的方法

不同的点状材料有不同的成型方法，幼儿园常用的点状材料成型方法包括粘贴法、串联法、黏结堆积法等。（图4-3—图4-5）

3. 点状材料成型的实例

由于点状材料繁多，制作形式多样，成型的步骤也不尽相同。

图 4-3　粘贴法

图 4-5　黏结堆积法　　　　　图 4-4　串联法

（1）制作实例一：《瓜子壳贴画》。（图 4-6—图 4-9）

点状材料成型既可以利用诸如西瓜子、南瓜子、葵瓜子等瓜子的外壳，又可以利用诸如开心果、松子等果仁的外壳。瓜子壳贴画主要是利用瓜子自身的大小、色泽、形状的不同，拼贴成点的、线的、面的平面造型，既可以整颗使用，又可以剥壳使用。

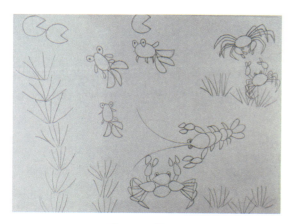 

图 4-6　步骤一　　　　　　　图 4-7　步骤二

第四章 | 包罗万象——综合材料

图 4-8　步骤三

图 4-9　步骤四

图 4-10　步骤一

图 4-11　步骤二

图 4-12　步骤三

图 4-13　步骤四

图 4-14　步骤五

步骤一：构思主题，绘制草图。先画一幅草图，把要表现的构图与内容详尽地画出来。

步骤二：选择材料，合理剪裁。根据制作内容，选择和使用不同种类的瓜子壳。瓜子壳可以整贴，可以剪碎贴，可以反着贴，还可以重叠粘贴。图 4-9 中鱼的身体是用南瓜子整贴，尾巴是将南瓜子剪开分别粘贴，鱼鳍和水草是将葵瓜子剪碎粘贴，螃蟹是用西瓜子粘贴的。背景的选择也很重要，可以选择较厚的卡纸或纸板做底板，也可以用纸盘等做背景，背景颜色应根据画面主题内容来定。

步骤三：按照顺序粘贴。每幅画都有不同的顺序，一般可以按照从上到下或从左到右或从里到外的顺序进行粘贴。注意先把胶涂在瓜子壳上再进行粘贴。

步骤四：装饰、修整完成，展示作品。

（2）制作实例二：《碎纸片粘贴画》。（图 4-10—图 4-14）

纸是我们生活中常见的物品，诸如废旧的杂志、报纸等。幼儿在做完纸方面的手工后，也会有很多大大小小的碎纸片，这些碎纸片可以加以利用，变废为宝。

步骤一：构思主题，绘制草图。

步骤二：选择材料，合理剪裁。根据主题选用不同颜色的纸片，纸片可以是不规则的，也可以是规则的，贴出的效果各不相同。

步骤三：涂胶水。可以用白乳胶进行粘贴。涂胶水时，注意胶水不要涂在线外。

步骤四：粘贴。可以随意粘贴，也可以按照一定的方向有规律地粘贴，还可以用叠加的形式粘贴。

步骤五：修整画面，完成制作，展示作品。

4. 点状材料成型的制作要点

（1）无论使用哪种材料制作手工，尽量维持材料原有的颜色和质感。

（2）底板尽量选择结实不易变形的材料，底板颜色尽量根据所用材料的色彩进行搭配，起到衬托的作用。

（3）制作时，粘贴细小的颗粒材料，要先在底板上涂上胶水，再进行粘贴。粘贴形状复杂的材料，诸如贝壳、蛤蜊等，要先在材料上涂上胶水，再进行粘贴。制作完成后，作品的边缘要整齐，画面要整洁、美观。

5. 点状材料成型的作品欣赏（图4-15—图4-21）

图4-15　蛋壳贴画

图4-16　沙子贴画

图4-17　汽水瓶盖贴画

图4-18　矿泉水瓶盖贴画

图4-19　蛋壳贴画

| 第四章 | 包罗万象——综合材料

图 4-20　碎纸片贴画　　　　　　　图 4-21　豆类贴画

拓展延伸：根据区域特点进行开发，选择身边容易获得的、熟悉的点状材料进行手工创作，结合民族文化、风俗习惯，汲取民间优秀的手工艺术精华并应用于造型实践中。

第二节 线状材料

生活中的线状材料包罗万象，制作手法更是千变万化。我们要选择适合幼儿园小朋友的方式对他们进行训练，培养他们的审美情趣，提升他们的动手能力。

线既是点移动的轨迹，又是面运动的起点，也是手工造型的主要元素。在形态学中，线具有宽度、形状、色彩、肌理等造型元素。线状材料成型主要是运用各种质地、粗细不同，色彩各异的线状材料，诸如各类线绳、纸绳、纸条、吸管、火柴杆等，进行手工创作。利用这些材料进行手工创作时，要充分考虑到线的特点，根据线的排列方向、疏密变化、粗细变化等因素进行制作。

1. 线状材料及其成型常用的工具材料

生活中的线状材料十分丰富，其中简单易得的线状材料常被用来制作幼儿园手工作品。

（1）主要的线状材料：各类线绳、纸绳、纸条、吸管、金属丝、火柴杆、牙签、棒冰棒、绳网、草茎等。

（2）辅助工具材料：各色卡纸或厚纸板、剪刀、美工刀、尺、镊子、尖嘴钳、钩针、白乳胶等。

2. 线状材料成型的方法

不同的线状材料有不同的成型方法，幼儿园常用的线状材料成型方法包括粘贴法、编织法、拼接法、刺绣法、缠绕法等。

3. 线状材料成型的实例

（1）制作实例一：《火柴梗贴画》。（图 4-22—图 4-24）

火柴梗贴画是一种取材容易、价廉物美、制作简单的工艺品。火柴梗作为一种线状材料，不仅能自由接成各种形式的线条，还能进行多种造型。此外，火柴梗可以截短成点、排列成面。火柴头呈椭圆形，贴画时要利用这一特点，使其成为造型的一部分。

图 4-22 步骤一

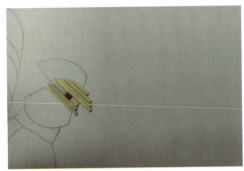
图 4-23 步骤二

图 4-24 步骤三

火柴梗色泽较浅，呈木材本色，而火柴头则有黑、红、绿等多种颜色。作品底板可以根据火柴头的颜色进行选择，起到衬托的作用。

步骤一：构思主题，绘制草图。先画一幅草图，把要表现的内容详尽地画出来。

步骤二：选择材料，合理剪裁。根据草图的形象将火柴剪成合适的长度。

步骤三：粘贴。根据草图的形象，将白乳胶涂在火柴上进行粘贴。完成制作，展示作品。

（2）制作实例二：《编织壁挂》。（图 4-25—图 4-27）

图 4-25 牦牛头骨壁挂
（作者：戴娇娇）

图 4-26 花式壁挂

图 4-27 草鞋壁挂
（作者：吴梦秋）

编织艺术是我国古代传统手工艺之一，是劳动人民在长期的实践探索中创造出来的智慧结晶。编织壁挂选材价廉，工艺也不复杂，只需用一些牢固、紧密、平滑的线绳进行配搭即可。线绳的长度一般为实际成品长度的三倍左右。编织用具可以选用竹子、木棍来固定线绳，再准备剪刀、木锥、钩针、线梭等辅助工具即可。

编织壁挂常用编法有平结与半结。平结和半结因方向、正反不同，可以编出很多不同的图形。（图4-28—图4-35）

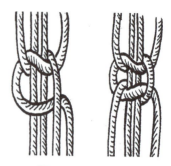
图4-28 平结编法

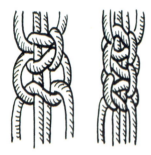
图4-29 平结带状编法

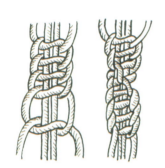
图4-30 平结旋转带状编织 右转结

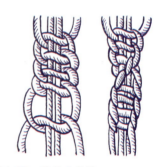
图4-31 平结旋转带状编织 左转结

图4-32 平结面状

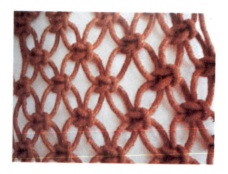
图4-33 平结网状

图4-34 平结异形

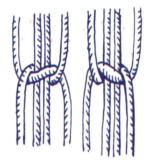
图4-35 半结编法

编结时，线绳的松紧要均匀，它直接影响到编结的质量；同时，还可以利用木珠、玻璃珠、陶珠进行装饰，从而使结饰更加美观。

步骤一：挂线。将线绳对折，一般用平结挂线。平结挂线分为正挂线结和反挂线结。（图4-36、图4-37）

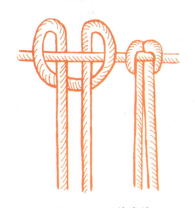
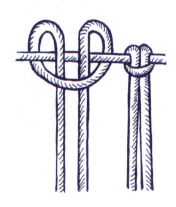

图4-36 正挂线结　　　　图4-37 反挂线结

步骤二：编织。按照事先设计或即兴创作逐层编结壁挂。常用的结有锁结、面状锁结、叶片形锁结、八字形锁结（图4-38—图4-41）。编织过程中还可以添加木圈、塑料圈、铁圈来造型，通过穿珠子进行装饰。

图4-38 锁结　　　　图4-39 面状锁结

图4-40 叶片形锁结　　　　图4-41 八字形锁结

图4-42 留出垂穗

图4-43 坠上珠子

步骤三：收尾。留出事先备好的垂穗，在终止处打上结，坠上珠子。（图4-42、图4-43）

（3）制作实例三：《彩粽》。（图4-44—图4-47）

彩粽是传统的手工艺品，来源于"缠画"。它是一种用丝线或七色线缠绕几何壳体制作而成、图案多样、色彩绚丽的手工艺品。彩粽寓意深刻，且观赏性强。人们佩戴彩粽，象征着驱邪避灾、吉祥平安。亲朋好友之间可以互送彩粽、互道祝福，因此送彩粽和赏彩粽成为人们在端午节间最重要的活动之一。

彩粽内壳为几何壳体，外围用七彩线缠绕，组成各种图案来表达各种寓意。人们常常把香附、艾叶、白芷、菖蒲等放入几何壳体内，使彩粽鲜艳夺目、样式美观、芳香怡人、醒脑健神。这样的彩粽寓意着平安吉祥，深受大众的喜爱。

步骤一：裁纸条。找来一张硬纸片，剪成宽5 cm的长方形纸条。

步骤二：折纸条。将长方形纸条折成立体三角形。

步骤三：缠线。围绕立体三角形进行缠线，并随时整理绕线的位置。线要缠得细密，换线时尽量少打结，将线头藏在里面，用白乳胶固定。

第四步：装饰。在彩粽的底部加上穗子等装饰品，增添美感。完成制作，展示作品。

线无论用几种颜色，粗细要统一，缠线要密集，一道紧挨着一道，最后要对作品进行整理，达到和谐、美观的艺术效果。

图4-44 步骤一

|第四章|包罗万象——综合材料

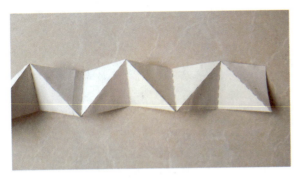

步骤二（1）

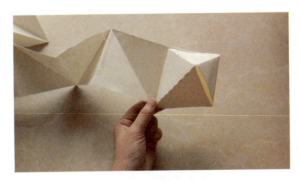

步骤二（2）

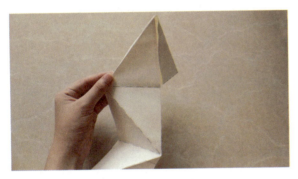

步骤二（3）

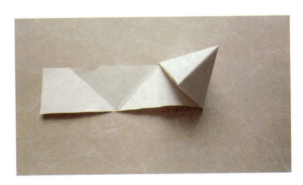

步骤二（4）

步骤二（5）

步骤二（6）

图 4-45　步骤二

步骤三（1）

步骤三（2）

| 手 工 | Handwork

步骤三（3）

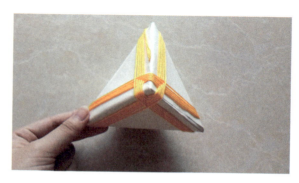

步骤三（4）

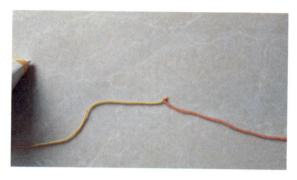

步骤三（5）

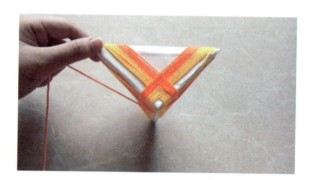

步骤三（6）

步骤三（7）

步骤三（8）

图 4-46　步骤三

图 4-47　步骤四

4. 线状材料成型的作品欣赏（图4-48—图4-53）

图4-48 火柴梗贴画
（作者：陈明）

图4-49 纸绳贴画
（作者：江莹莹）

图4-50 草绳贴画

图4-51 小蜜蜂挂饰

图4-52 西域风情壁挂

图4-53 小松鼠和小鸟挂画

拓展延伸：线状材料成型方法多样，可以试着利用线状材料的特征，探究更多的成型方法。

第三节 面状材料

面是线连续移动而形成的。面有长度、宽度，但没有厚度。生活中的面状材料主要以长和宽的变化为特征的材料居多，不仅种类繁多，而且简单易得。利用面状材料进行手工造型，要考虑面状材料的自然形态，尽可能减少人为加工。

1. 面状材料及其成型常用的工具材料

（1）主要的面状材料：废旧的纸盘、旧挂历纸、糖纸、铅笔刨花、棉花、纸浆、树叶等。

（2）辅助工具材料：各色彩纸、卡纸（或厚纸板）、剪刀、美工刀、白乳胶等。

2. 面状材料成型的方法

不同的面状材料有不同成型的方法，幼儿园常用的面状材料成型的方法包括粘贴、折叠、切折、卷曲、插接等。

3. 面状材料成型的实例

（1）制作实例一：《叶贴画》。（图 4-54、图 4-55）

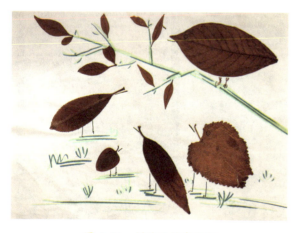

图 4-54　树林里的鸟儿们

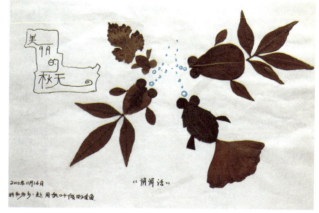

图 4-55　悄悄话

叶贴画是利用树叶、草叶、花瓣等植物材料，经过拼摆、加工、组合、粘贴等工序，制作而成的贴画类工艺品。它取材方便、制作简单，可以做成装饰品、贺卡、书签等。

步骤一：收集、整理。在制作叶贴画前，要先进行收集整理，再将收集好的叶子和花用吸水性强的纸包好，然后放入书中夹平，最后压上重物，隔天换纸。这样可以使叶子和花的颜色保持艳丽。

步骤二：构思、设计。根据叶子的形状进行联想，先确定贴画的对象，再选择适合的叶子。

步骤三：制作、加工。根据制作的形象进行剪切、折叠、组拼。

步骤四：粘贴、展示。先选择厚纸板作为底板，再在叶子反面涂上白乳胶进行粘贴，待全部贴好后，压在夹板中阴干，最后完成制作，展示作品。

（2）制作实例二：《纸盘贴画》。（图4-56—图4-58）

纸盘造型一般可利用纸盘的外形特征进行切、折、粘贴等装饰的方法来制作。

步骤一：收集、整理。在制作纸盘贴画前，要先进行收集、整理，再将整理好的若干纸盘取出备用。

步骤二：构思、设计。根据纸盘的形象进行联想，先确定贴画的对象，再选择合适的纸盘。

步骤三：制作、加工。将纸盘根据构思的形象进行剪切、组拼、粘粘。

步骤四：上色、装饰。先选择厚纸板作为底板，再将形象粘贴在底板上并涂上颜色，然后对其进行装饰，最后完成制作，展示作品。

图 4-56　小骆驼

图 4-57　毛毛虫

图 4-58　夏　夜

4. 面状材料成型的作品欣赏（图4-59—图4-62）

图4-59 小 狗

图4-60 芦苇荡

图4-61 糖纸贴画

图4-62 羽毛的运用

拓展延伸：引导幼儿园小朋友开展一系列的活动，利用小朋友熟悉的面状材料进行粘贴、折叠、切折、卷曲、插接等造型活动。这样可以培养幼儿的动手、动脑能力，他们在活动中获得的成就感，也能促使他们更加热爱环境、热爱生活。

第四节 块状材料

图 4-63　纸杯造型

图 4-64　勺子造型

块状材料是三维立体形态的材料。生活中可以用来"变废为宝"的块状材料随处可见，利用块状材料进行手工创作，要根据材料的形状、体量、质地、颜色等外形特点进行设计制作。在幼儿园教学中，教师应掌握块状材料成型的方法，引导幼儿体验利用废旧物品进行创作的乐趣。

1. 块状材料及其成型常用的工具材料

（1）主要的块状材料：各类纸盒和纸箱、各种形状的塑料瓶、易拉罐、纸筒、纸袋、一次性碗、泡沫、石头、蔬果等。

（2）辅助工具材料：各色彩纸、颜料、美工刀、剪刀、刻刀、直尺、白乳胶、毛笔、调色盘等。

2. 块状材料成型的方法

不同的块状材料有不同的成型方法，幼儿园常用的块状材料成型方法包括雕、刻、锯、削、撕、缝制组合、粘贴组合、插接组合、镶嵌组合、串联组合和彩绘装饰。制作时，要依据块状材料的特点，选择合适的方法，运用相应的工具材料进行制作。

3. 块状材料成型的实例

（1）制作实例一：增量加工法。对材料进行添加，诸如粘贴、插接、盘绕、串联、缝制、镶嵌等。（图 4-63、图 4-64）

（2）制作实例二：减量加工法。对材料进行切割，利用折、卷的方法制作出新的造型。（图 4-65）

（3）制作实例三：彩绘装饰造型法。在块状材料上进行绘画装饰。（图 4-66）

| 手 工 | Handwork

图 4-65　易拉罐

图 4-66　海　边

图 4-67　苹果造型

（4）制作实例四：各种技法的组合造型。（图 4-67、图 4-68）

蔬果是人们生活中常见的食品之一。利用蔬果进行造型，不仅可以锻炼幼儿的动手能力，还可以丰富他们的想象力。

4. 块状材料成型的制作要点

利用块状材料进行造型时，要先利用块状材料的形状进行想象，既可以因艺选材，又可以因材施艺，然后选择制作技法，尽量保持块状材料原有的形状。

5. 块状材料成型的作品欣赏（图 4-69—图 4-77）

图 4-68　南瓜造型

图 4-69　纸袋造型

图 4-70　时钟兔

图 4-71　森林中的动物们

第四章 包罗万象——综合材料

图 4-72 小火车

图 4-73 小 鱼

图 4-74 小蜗牛

图 4-75 小猪兄弟

图 4-76 小章鱼和小螃蟹

图 4-77 幼儿园校车

拓展延伸：学习块状材料的多种制作技法，利用不同的块状材料和工艺进行艺术创作。

第五节 幼儿园中综合材料的运用

一、综合材料在幼儿园环境布置中的运用实例欣赏（图4-78—图4-100）

图 4-78 墙壁造型

图 4-79 公示栏

图 4-80 墙　报

图 4-81 光荣榜

图 4-82 墙　饰

图 4-83 晨 练

图 4-84 螃蟹时针

图 4-85 卡通购物袋

图 4-86 投递箱

图 4-87 收纳箱

图 4-88 展示盒

图 4-89 肯德基货架

图 4-90 遮阳伞

| 手 工 | Handwork

图4-91 灯 饰

图4-92 植物花墙

图4-93 塑料花盆

图4-94 创意花盆

图4-95 简易路障

图4-96 纸板独木桥

图4-97 易拉罐独木桥

图4-98 轮胎玩具

图 4-99　瓶盖小屋

图 4-100　创艺小花

《幼儿园教育指导纲要》指出：教师应指导幼儿利用身边的物品或废旧材料制作玩具、手工艺品等来美化自己的生活或开展其他活动。

教师要时时刻刻做个有心人，心中要有"变废为宝"的意识，要积极利用身边的废旧物品，为幼儿树立一个良好的榜样。

在布置主题墙、评比栏、吊饰、家园联系栏、楼梯装饰等过程中，教师可以运用这些材料，引起幼儿的关注。在区域活动中，教师可以将废旧物品进行改造，做成成品或半成品玩具投放到活动区，供幼儿游戏。在美术教育活动中，教师可以运用丰富的材料开展活动，让一件件旧物品在师生手中变成一幅幅艺术品，使幼儿感受到制作手工艺品的乐趣，从而培养幼儿勤俭节约的良好习惯。

二、幼儿园综合材料活动设计——模拟课

（一）小班综合材料模拟课——《有趣的树叶贴画》（图4-101—图4-103）

图 4-101　花　园

图 4-102　耕　牛

图 4-103　小班幼儿作品展示

1. 活动目标

（1）引导小班幼儿认识不同形状和颜色的树叶，教会其用树叶拼贴出一幅完整的画，提升其动手操作能力。

（2）让小班幼儿发挥想象力并将树叶进行组合、粘贴。

（3）使小班幼儿体验创作的乐趣，增强其创造力。

2. 活动重点和难点

（1）重点：让小班幼儿根据不同树叶的特性，尝试制作各种不同的树叶贴画。

（2）难点：让小班幼儿充分发挥想象力并利用树叶的造型进行艺术创作。

3. 活动准备

（1）教具准备：课件、树叶的图片、各种各样的树叶、树叶贴画作品等。

（2）操作材料准备：乳胶、剪刀、A4 纸。

4. 活动过程

（1）教师导入树叶的图片，引发小班幼儿的兴趣。

教师播放课件并提问："小朋友们，秋婆婆给我们送来了礼物，你们猜猜是什么？"

（2）教师引导小班幼儿剪贴树叶，让他们充分发挥想象力。

教师："树叶的形态多种多样，有的大，有的小，还有丰富多彩的颜色。你们看这片树叶，它像什么？"

小班幼儿观察想象，回答问题。

教师："树叶不仅漂亮，还会变魔术呢！我们一起来变个小魔术，将各种各样的树叶变成一幅画。下面我们看看大师们把树叶变成了什么?"

教师展示一系列树叶贴画作品,诸如人物、小船树叶贴画等。

教师:"风婆婆要我们也来当一当魔术师,把这些树叶变成自己喜欢的东西并做成一幅作品。"

(3) 小班幼儿操作,教师予以指导。

(4) 教师评价小班幼儿作品。

(二) 中班综合材料模拟课——《纸杯变变变》(图4-104、图4-105)

1. 活动目标

(1) 引导中班幼儿用纸杯制作自己喜欢的小动物,提高其创造力和动手能力。

(2) 使中班幼儿通过废弃纸杯再利用,增强环保意识。

(3) 让中班幼儿享受制作的乐趣并体验创作的魅力。

2. 活动重点和难点

(1) 重点:教会中班幼儿根据纸杯的大小,制作出不同的纸艺造型。

(2) 难点:激发中班幼儿的想象力,使他们能利用纸杯的特征进行艺术创作。

3. 活动准备

(1) 教具准备:课件等。

(2) 操作材料准备:若干纸杯、剪刀、记号笔、彩色卡纸、固体胶、双面胶等。

4. 活动过程

(1) 教师引出话题,导入课程。

教师展示纸杯并提问:"纸杯有一个很大的烦恼,它的主人用完它之后说它没用了,想把它扔掉,它真的没用了吗?请大家帮帮它吧!"

中班幼儿纷纷出主意,提出自己的看法。

教师总结:"原来只要动脑筋,动动手,纸杯还有这么大用处啊!今天,我们就用纸杯来做小动物吧!你们想做什么小动物呢?"

(2) 教师激发中班幼儿的兴趣,引导中班幼儿探索小动物纸艺的制作方法。

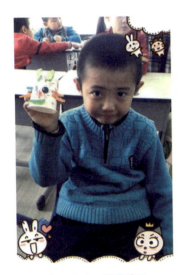

图 4-104 男孩作品

图 4-105 女孩作品

① 教师出示纸杯作品，激发中班幼儿的兴趣。

教师："今天老师给大家变一个魔术，看看老师把纸杯变成了什么？"

中班幼儿踊跃回答问题，教师从旁予以指导。

② 教师引导中班幼儿探索小动物纸艺的制作方法，中班幼儿通过观察纸杯作品，纷纷发表自己的看法。

③ 教师示范小动物纸艺的制作方法，讲述剪贴的技巧及注意事项。

④ 教师运用课件展示各种不同的小动物纸艺作品，开拓中班幼儿的思路。

（3）教师让中班幼儿自由创作，自己从旁予以指导。

① 教师提出制作要求，中班幼儿进行创作。

② 教师随机进行指导。

（4）教师让中班幼儿互相评价作品。

教师请中班幼儿介绍自己的作品，又请其他幼儿当小评委一起来评价作品。

（5）教师引导中班幼儿美化作品。

① 教师出示课件中废物利用的图片，发挥中班幼儿的奇思妙想。

② 教师引导中班幼儿对小动物纸艺作品进行美化和装饰。

（三）大班综合材料模拟课——《神奇的石头画》（图 4-106—图 4-110）

1. 活动目标

（1）引导大班幼儿了解石头在生活中的作用，使他们能根据石头的形状进行想象创作。

（2）教会大班幼儿运用水粉颜料、马克笔绘制出漂亮的石头画并进行艺术创作。

（3）让大班幼儿体验创作的乐趣，使他们加深对大自然的喜爱之情。

2. 活动重点和难点

（1）重点：引导大班幼儿根据石头的形状进行想象，让他们尝试运用多种方法制作石头画。

（2）难点：激发大班幼儿的想象力，让他们利用石头的造型进行艺术创作。

图 4-106　筛选石头

图 4-107　石头作画

图 4-108　猫头鹰

图 4-109　小　树

图 4-110　彩色贝壳

3. 活动准备

（1）课前准备：若干不同形状的石头。

（2）教具准备：课件、歌曲《我是一颗小小的石头》。

（3）操作材料准备：颜料、毛笔、马克笔、水桶、水粉盘、废旧的木板、双面胶、塑料垫板。

4. 活动过程

（1）教师出示各种形状的石头，激发大班幼儿的兴趣。

教师出示石头，提出问题："这是什么？它可以用来做什么？"

（2）教师播放课件，大班幼儿欣赏作品，教师提出问题和要求。

① 教师一边播放课件，一边问道："说一说，石头画是怎样做成的？"

② 教师示范，提出要求。

示范引导：有些石头画是根据石头的形状来绘制图案的，有些石头画是根据石头的形状组合粘贴而成的。因此，先要选择石头，看看石头像什么，能做成什么样的画，再在石头上涂上漂亮的颜色，或者用马克笔直接绘制图案，画好后将它粘在木板上。

（3）教师启发引导，激发大班幼儿的创造力。

① 大班幼儿之间互相交流自己的想法，选择自己喜欢的石头。

② 教师给予大班幼儿适当的指导。

（4）大班幼儿创作，教师予以指导。

教师："石头王国要举办一场'创意石头绘'展览，需要许多奇特的石头画作品。小朋友们都是小小艺术家，快来大显身手吧！"

（5）教师举办"创意石头绘"展览。

在展览会上，大班幼儿介绍自己的作品，教师引导大班幼儿欣赏作品。

思考与实践

（1）选取合适的点状材料，制作一幅点状材料粘贴画。

（2）运用贝壳、瓶盖等点状材料，制作一组点状材料立体手工作品（不少于三个）。

（3）运用线状材料，制作一幅线状材料粘贴画。

（4）运用编织的技法，选择合适的线，制作一幅编织壁挂。

（5）自选面状材料，制作一幅具有"童真、童趣"的粘贴画。

（6）运用面状材料，制作一组可爱精美的书签（不少于三个）。

（7）运用增量加工法，制作一组块状材料手工作品（不少于三个动物或人物形象），最好有情景展示。

（8）运用彩绘装饰造型法，制作一幅石头画。

（9）综合利用点、线、面、块状材料，运用多种技法组合造型，完成一组有情节、有童趣的立体作品。

（10）模拟制作幼儿园区角。综合利用点、线、面、块状材料，遵循"变废为宝"的原则，设计制作幼儿园区角，内容自拟。

参考文献

[1] 蒋丽平，唐乙. 快乐手工·纸 [M]. 上海：上海文化出版社，1999.

[2] 张宁，王琴花. 创意折纸大本营：组合多面体 [M]. 上海：上海科学技术出版社，2015.

[3] [英] 英国 DK 出版社. DK 纸艺全书 [M]. 于月，译. 郑州：河南科学技术出版社，2016.

[4] 向亮晶，张雅妮. 立体剪纸技法 [M]. 南京：江苏美术出版社，2012.

[5] 人民教育出版社美术室. 幼儿师范学校教科书（试用本）：手工：第二册 [M]. 北京：人民教育出版社，2001.

[6] 全国中师美术教材编委会. 中等师范学校美术课本：手工（试用本）[M]. 北京：人民美术出版社，1988.

[7] 杨三军，苏春. 学前儿童玩教具设计与制作 [M]. 北京：教育科学出版社，2014.

[8] 沈建洲. 手工基础教程 [M]. 3 版. 上海：复旦大学出版社，2013.

[9] 孙华庚，邵筱凡. 手工实用教程 [M]. 北京：北京师范大学出版社，2011.

[10] 张健. 手工制作及材料 [M]. 天津：天津大学出版社，2011.

[11] 钟艾玲. 教室布置 5：我的作品篇 [M]. 北京：中国青年出版社，2003.

[12] 嵇雯翃. 儿童创意陶泥制作 [M]. 南京：江苏凤凰教育出版社，2015.

[13] 吕月琴. 儿童陶艺制作启蒙 [M]. 南京：江苏凤凰教育出版社，2014.

[14] 李巧玲. 教室布置 4：节庆造型篇 [M]. 北京：中国青年出版社，2003.

[15] 孔起英，庄新宇. 陶艺 [M]. 南京：南京师范大学出版社，2012.

[16] 陈静黎，李全华. 学前教育专业系列教材·美术：手工 [M]. 杭州：浙江大学出版社，2013.

[17] 李艳. 全国学前教育专业课程改革规划新教材：手工 [M]. 北京：机械工业出版社，2016.

后　　记

为适应学前教育专业美术教学的需要，苏州大学出版社拟出版一套与之相关的教材。我受邀主编其中的《手工》教材，负责全书的筹备和统稿工作。

本书的编者以全国各师范院校一线手工教师为主。全书共分为四个部分：纸工、布工、泥工和综合材料。教师在授课时可以灵活根据所在地区的情况，对本土区域性教材进行补充和完善。

参与编写本书的各位老师以高度的责任感和使命感，充分发挥集体的力量，组织有关人员参加讨论、修改和补充。在此感谢所有为此书的出版做出贡献的老师们。此次再版我们做了一些修订，但书中仍有不足之处，恭谨地希望得到各位读者的批评指正。

陈皎月
2023 年 1 月